Rendering/ Visualisierung

Herausgegeben von
Hubert Locher
Dominik Lengyel
Florian Henrich
Catherine Toulouse

München, 2024
Open Publishing LMU

Inhalt

Abb. 1, Ausstellung „Architecture Transformed – Das digitale Bild in der Architektur 1980-2020" im Museum für Kunst und Kulturgeschichte der Philipps-Universität Marburg, Februar 2023, Foto: © Bildarchiv Foto Marburg/Christian Stein

Hubert Locher, Dominik Lengyel, Florian Henrich, Catherine Toulouse

Architecture Transformed. Der Anteil des digitalen Bildes

Am Anfang unserer Forschungen stand eine Vermutung im Raum. In Abwandlung eines berühmten Titels des Architekturhistorikers und Kritikers Sigfried Giedion könnte man diese auf folgenden Satz reduzieren: „Visualization Takes Command".[1] Wie es sich mit dergleichen griffigen Thesen meist verhält, war sie teils zu relativieren, teils verdichtete sich die Annahme aber doch zur Gewissheit zumindest soweit, dass wir bestätigen möchten, dass die Visualisierung wenn nicht schlechthin das Kommando im Architekturprozess übernimmt, ihr aber doch eine maßgebliche, vielleicht sogar entscheidende Prägung zukommt. Ob diese Tendenz, ob dieser Trend positive oder negative Auswirkungen auf die Architektur, das heißt auf die Baukultur unserer Zeit hat, war nicht unser Gegenstand und wollten wir nicht beurteilen.

Das Projekt

Das kooperative Forschungsprojekt „Architecture Transformed – Architekturprozesse im digitalen Bildraum" als Teil des DFG-Schwerpunktprogramms „Das digitale Bild" widmete sich der Frage nach der Rolle und dem Einfluss des digitalen Bildes auf das architektonische Entwerfen und Visualisieren. Grundlage war die Annahme, dass die visuelle Repräsentation, die zu unterschiedlichen Zwecken schon in den frühen

1 Vgl. Sigfried Giedion: Mechanization Takes Command. A Contribution to Anonymous History, New York 1948; deutsch: Die Herrschaft der Mechanisierung. Ein Beitrag zur anonymen Geschichte, mit einem Nachwort von Stanislaus von Moos, Frankfurt am Main 1982.

Publiziert in: Locher et al. (Hg.), Rendering/Visualisierung (Begriffe des digitalen Bildes, 5), München 2024, S. 4-23. DOI: https://doi.org/10.5282/ubm/epub.109215

Projektionsphasen entsteht, die Architektur nicht nur illustrativ begleitet, sondern einen wesentlichen und zunehmend gewichtigen Faktor im architektonischen Realisierungsprozess darstellt: Sowohl die Produktion von Architektur als auch die Art und Weise, wie sie wahrgenommen und begriffen wird, sind maßgeblich durch die Medien ihrer Darstellung bestimmt.

Dies mag generell zutreffen. Angefangen von der ersten Skizze über die Präsentation im Wettbewerb bis hin zur Kommunikation in Werbung und Vermarktung kommen seit jeher Verfahren der visuellen Modellierung und bildlichen Repräsentation wie Zeichnung, Modell oder Fotografie im Architekturprozess zum Einsatz. Mit der Digitalisierung der architektonischen Praxis erfährt nun aber nicht allein das Entwerfen, sondern ebenso das Visualisieren von Architektur einen grundlegenden Wandel, der sich wesentlich im digitalen Medium vollzieht. Im Projekt wurden die prozessualen Zusammenhänge in Entwurf und Visualisierung im Zuge der Digitalisierung der architektonischen Planungs- und Darstellungsverfahren von Beginn der 1980er Jahre an untersucht. In exemplarischen Studien zum Einsatz und zur Verwendung der neuen architektonischen Arbeitsmittel und ihrer visuellen Produkte soll dargelegt werden, wie das digitale Bild Begriff und Produktion von Architektur verändert hat. Die digitalen Entwurfs- und Visualisierungswerkzeuge und die mit ihnen erzeugten Bilder wurden hierzu zum einen aus kunsthistorisch-medienkritischer Perspektive, zum anderen vom produktionsästhetischen Standpunkt der Architekturpraxis in den Blick genommen.[2] Der Arbeitsstelle am Deutschen Dokumentationszentrum für Kunstgeschichte – Bildarchiv Foto Marburg (Hubert Locher und Florian Henrich) oblag es, die Entwicklung des digitalen Bildes als Medium der Architekturdarstellung am Beispiel ausgewählter Architekturzeitschriften

2 Siehe auch Hubert Locher, Dominik Lengyel, Catherine Toulouse und Florian Henrich: Architecture Transformed: Architectural Processes in the Digital Image Space. In: International Journal for Digital Art History, 2021, no. 8 (Oct.), S. 66-81. DOI: https://journals.ub.uni-heidelberg.de/index.php/dah/article/view/83928

nachzuvollziehen, wobei es ebenso seine zeitgenössische Diskussion zu analysieren und seine kommunikative Funktion in der Entwurfsvermittlung und Objektvermarktung kritisch zu reflektieren galt. Komplementär dazu wurde andererseits am Lehrstuhl für Architektur und Visualisierung der Brandenburgischen Technischen Universität Cottbus-Senftenberg (Dominik Lengyel und Catherine Toulouse) in einer empirisch angelegten Untersuchung die Entwicklung und Verwendung von CAD-Programmen aufgearbeitet, um deren Erweiterungen und Beschränkungen ebenso wie das inhärente suggestive Potenzial technischer Entwicklungen und implementierter Automatismen für die digitale Architektur- und Bildgestaltung zu erkunden. Ob und inwiefern heute von ‚digitaler Architektur' gesprochen werden kann oder muss und welcher Anteil dem digitalen Bild dabei zukommt, lässt sich auf dieser Grundlage erörtern.

Wesentliche Forschungsergebnisse sind zum Abschluss des Projekts in der Ausstellung „Architecture Transformed – Das digitale Bild in der Architektur 1980–2020" von Februar bis April im Museum für Kunst und Kulturgeschichte der Philipps-Universität Marburg (Abb. 1) und von Mai bis August 2023 im Architekturmuseum der Technischen Universität Berlin der Öffentlichkeit präsentiert und im begleitenden Katalog publiziert worden.[3] Die Ausstellung war zudem von November 2023 bis Januar 2024 im IKMZ der Brandenburgischen Technischen Universität Cottbus-Senftenberg zu sehen. Weitere Ergebnisse des Projekts liegen nun mit diesem Band vor.

Die Digitalisierung des Entwerfens

In kaum einem anderen Bereich der Gestaltung hat sich die Digitalisierung derart deutlich und umfassend niedergeschla-

3 Hubert Locher, Dominik Lengyel, Florian Henrich und Catherine Toulouse (Hg.): Architecture Transformed. Das digitale Bild in der Architektur 1980-2020, Ausst.kat., Heidelberg 2023, DOI: https://doi.org/10.11588/arthistoricum.1156. Eine Publikation auf Englisch erscheint Ende 2024 im Birkhäuser Verlag.

gen und zu so einschneidenden und nachhaltigen Transformationen geführt wie in der Architektur.[4] Die Architektur stellt damit ein Feld dar, auf dem sich die Prozesse der Digitalisierung exemplarisch in ihren unmittelbaren Folgen und langfristigen Auswirkungen beobachten lassen. Aufgrund der eigentümlichen Zwitterstellung zwischen Kunst und Technik, die in der eigenen Theoriebildung ausgehend von Vitruvs kategorialer Unterscheidung zwischen *firmitas, utilitas* und *venustas* immer wieder zur Charakterisierung aufgerufen wird, wirken sich in der Architektur die Transformationen im Zuge der Digitalisierung auf mehreren Ebenen aus: einerseits im Bereich der technischen Konstruktion und Baupraxis, andererseits in der künstlerischen Gestaltung des Baus im Entwurf und damit einhergehend in den visuellen Repräsentationen der jeweiligen Phasen, schließlich aber auch mittelbar in der Kommunikation, der zur Realisierung unabdingbaren Bewerbung und Vermarktung. Diese verschiedenen Aspekte digitaler Bildlichkeit sind als prozessuale Komponenten dessen zu betrachten, was im digitalen Zeitalter als Architektur erscheint. Unter diesen Bedingungen ist Architektur demnach, so meinen wir folgern zu können, grundlegend vom digitalen Bild geprägt.

Spätestens mit der Einführung und sukzessiven Durchsetzung des computergestützten Entwerfens mithilfe von CAD-Programmen (Computer Aided Design) ab Mitte der 1980er Jahre in Deutschland ist der Prozess der Digitalisierung der Architekturproduktion von einem fachinternen Diskurs über die Auswirkungen und Folgen für die eigene Profession begleitet[5], der in entsprechenden Publikationen und Zeitschriften ausgetragen wird und bis heute anhält. Dabei richtete sich der Fokus der Debatte zunächst auf die veränderten Bedingungen des Entwerfens mit dem Computer, die kritisch mit der bis dahin üblichen

4 Mario Carpo: The Digital Turn in Architecture 1992-2010, New York 2012; Nathalie Bredella: The Architectural Imagination at the Digital Turn, London und New York 2022.

5 Baumgarten, Gerken, Hämmerling und Riepl: Datenverarbeitung für Architekten, Stuttgart et al. 1982; Werner Eberlein: CAD-Datenbanksysteme. Architektur technischer Datenbanken für integrierte Ingenieursysteme, Berlin et al. 1984; Michael Pawelski und Joachim Winke (Hg.): CAD-Leitfaden für Architekten. Rechnergestütztes Zeichnen und Entwerfen, Karlsruhe 1985; Terje Nils Dahle (Hg.): CAD im Architektenentwurf (IRB-Literaturauslese, 528), Stuttgart 1985; Werner Preißing: Computer-Grundwissen für Architekten, Stuttgart et al. 1987; Rainer Pelka: Das EDV-Check-Buch für Architekten, München 1988; Eberhard Kernchen (Hg.): CAAD – Grundlagen und Anwendungen in Lehre und Forschung, Berlin 1989; Hans Kahlen: CAD-Einsatz in der Architektur, Stuttgart 1989.

Entwurfspraxis verglichen und dabei durchaus in der Art eines Paragone auf ihre Vor- und Nachteile für die technische und künstlerische Arbeit abgewogen und bewertet wurden.[6]

Seit Ende der 1990er Jahre rückten die ersten realisierten baulichen Resultate der digital veränderten und um die spezifischen Fähigkeiten des Computers erweiterten Entwurfsmöglichkeiten in den Blick auch einer breiteren Öffentlichkeit.[7] Zwar hatten schon ab den späten 1980er Jahren nicht nur Ingenieurbüros, sondern vereinzelt auch Architektinnen und Architekten Bauten mithilfe des Computers zumeist im Zeichen des Dekonstruktivismus verwirklicht[8], darunter so prominente Vertreter wie Peter Eisenman oder Frank O. Gehry[9]. In Deutschland wurde mit dem Computer entworfene und realisierte Architektur jedoch erst in den Jahren um 2000 medial zum Thema, etwa im Zuge der Expo 2000 in Hannover, und dabei mit einer bestimmten architektonischen Formensprache identifiziert, wie sie beispielsweise an dem 2003 von Peter Cook und Colin Fournier entworfenen Kunstmuseum in Graz zum Vorschein kommt (Abb. 2). Als Bezeichnung hierfür prägte sich der aus dem Design des Analogzeitalters stammende Begriff des „Blob“ (engl. Klecks) oder auch „Blob-Architektur“ oder „blobitecture“.[10]

Trat der Computer erstmals in diesem Zusammenhang als formgebendes Entwurfsmittel – bedingt unter anderem durch die Implementierung mathematischer Neuerungen zur Berechnung komplexer geometrischer Flächen – in den Fokus einer

6 Walter Ehlers, Gernot Feldhusen und Carl Steckeweh (Hg.): CAD: Architektur automatisch? Texte zur Diskussion, Braunschweig und Wiesbaden 1986; Werner Haker: Architektur im Computer. In: Werk, Bauen+Wohnen, Jg. 76, 1989, Heft-Nr. 3, S. 52–58.

7 Peter Zellner: Hybrid Spaces. New Forms in Digital Architecture, London 1999.

8 Gert Kähler (Hg.): Dekonstruktion? Dekonstruktivismus? Aufbruch ins Chaos oder neues Bild der Welt? Braunschweig und Wiesbaden 1990; Peter Noever (Hg.): Architektur im Aufbruch. Neun Positionen zum Dekonstruktivismus, München 1991; Gert Kähler (Hg.): Schräge Architektur und aufrechter Gang. Dekonstruktion: Bauen in einer Welt ohne Sinn? Braunschweig und Wiesbaden 1993.

9 Luca Galofaro: Digital Eisenman, an office of the electronic era, Basel, Boston und Berlin 1999; Bruce Lindsey: Digital Gehry, material resistance/digital construction, Basel, Boston und Berlin 2001.

10 ARCH+, 1999, Heft-Nr. 148 (Okt.): Von der Box zum Blob und wieder zurück; Niklas Maak: Jenseits von Ecken. Junge Architekten erfinden einen neuen Stil für das Gen-Zeitalter: Biomorphismus. In: Süddeutsche Zeitung, 24.08.2000, S. 18; Peter Cachola Schmal (Hg.): Digital real. Blobmeister, erste gebaute Projekte, Ausst.kat. Frankfurt am Main, Basel, Boston und Berlin 2001; Philip Ursprung: Weisses Rauschen. Elisabeth Diller und Ricardo Scofidios Blur Building und die räumliche Logik der jüngsten Architektur. In: kritische berichte, Jg. 29, 2001, Heft-Nr. 3, S. 5–15.

größeren Öffentlichkeit, so wurde der „Blob-Architektur“ schon sehr bald darauf wieder ihr Ende bescheinigt.[11] Stattdessen rückte die Rede vom „parametrischen Entwerfen“, der softwarebasierten Modifikation einfacher geometrischer Faktoren ohne notwendige geometrische Kenntnisse, oder gar vom „Parametrismus“ als gleichermaßen virulentes wie schillerndes Schlagwort in den Vordergrund.[12] Damit einher ging eine Verlagerung des Interesses von der baulichen Erscheinung wieder verstärkt zum Prozess des Entwerfens selbst und seinen erweiterten Möglichkeiten im Zuge der fortschreitenden Digitalisierung.[13]

Bezeichnenderweise ist dieser Vorgang in der Architekturpraxis von einem Umschwenken auf der gestalterischen Ebene von den solitären, skulpturalen, biomorph anmutenden[14] „Blob“-Ikonen hin zu einer entgegengesetzten architektonischen Formensprache begleitet, die sich seit der zweiten Hälfte der 2000er Jahre allerorten beobachten lässt und aufgrund der vorherrschenden Vorliebe für orthogonal gerasterte Fassaden mitunter auch als „Barcode“- oder „Strichcode“-Architektur[15] bezeichnet wird (Abb. 3) – ein Trend, der seinen Zenit offenbar noch nicht überschritten hat.[16]

11 Gerhard Matzig: Rundum schlecht. In: SZ Magazin, 12.10.2001, S. 32; Mario Carpo: Die digitale Architektur nach der ersten Begeisterungswelle. In: Thesis, Jg. 49, 2003, Heft-Nr. 3, S. 139–148; Katharina Mütter: Logo ergo sum. Pradaismus: In Birmingham dient das Kaufhaus „Selfridges“ als Motor stadträumlicher Erneuerung. In: Süddeutsche Zeitung, 11.12.2003, S. 17; [Zig]: Das System Zukunft. Zum Tod des tschechischen Architekten Jan Kaplicky. In: Süddeutsche Zeitung, 16.03.2009, S. 12.

12 Patrik Schumacher: Parametrismus. Der neue International Style. In: ARCH+, 2009, Heft-Nr. 195 (Nov.), S. 106–113; Holger Rescher: Größenwahn im Büro Hadid. In: DAB, 01.03.2011, https://www.dabonline.de/2011/03/01/grosenwahn-im-buro-hadid/ [Stand: 01/2024]; Pia-Maria Lackner: Parametrismus. In: Digitales Lexikon architektonischer Modebegriffe, TU Graz 2015, http://minilexikon-architektonischer-modebegriffe.tugraz.at/index.php/modebegriffe/parametrismus/ [Stand: 01/2024].

13 Carolin Höfler: Form und Zeit. Computerbasiertes Entwerfen in der Architektur, Berlin 2009; Winfried Nerdinger (Hg.): Wendepunkte im Bauen. Von der seriellen zur digitalen Architektur, Ausst.kat., München 2010; Bernhard Langer: Computerdarstellung. Vom Programm zum digitalen Ökosystem. In: Wolfgang Sonne (Hg.): Die Medien der Architektur, München 2011, S. 157–168.

14 Sebastian Hackenschmidt und Dietmar Rübel: Liquide Gebilde: Blobjects. In: Peter Noever (Hg.): Formlose Möbel, Ausst.kat., Ostfildern 2008, S. 116–125.

15 O.V.: Ungarischer Strichcode. Einkaufszentrum in Györ eröffnet. In: BauNetz, 07.12.2006, https://www.baunetz.de/meldungen/Meldungen_Einkaufszentrum_in_Gyoer_eroeffnet_25852.html [Stand: 01/2024].

Abb. 2, Peter Cook und Colin Fournier, Kunsthaus Graz, 2003 vollendet, Foto: ©Dominik Lengyel

Abb. 3, KSP Jürgen Engel Architekten, Bürohaus Humboldt-HafenEins Berlin, 2015 vollendet, Foto: ©Dominik Lengyel

Entwerfen und Visualisieren

Inzwischen haben die vermeintlich neuartigen computergenerierten Formen der „Blob-Architektur" eine historische Relativierung durch die Forschung erfahren[17] wie auch die Digitalisierung der Architektur selbst zum Gegenstand der historischen Betrachtung[18] bis hin zu medienarchäologischen Ansätzen geworden ist[19]. Gleichwohl schreiten die Prozesse der Digitalisierung auch im Bereich der Architektur weiter fort und stellen nach wie vor eine Herausforderung für die Profession dar.[20] Gerade im Kontext der Entwurfsforschung, die sich seit nunmehr über zehn Jahren[21] intensiv mit den Werkzeugen und Artefakten des Entwerfens und ihren Implikationen aus-

16 Henning Sußebach: Mal im Ernst, ist das Bielefeld? In: Zeit Online, 25.09.2022, https://www.zeit.de/2022/39/architektur-hauptbahnhof-duesseldorf-muenchen-bielefeld [Stand: 01/2024].

17 Svenia Schneider: Blob-Architektur für das 21. Jahrhundert. Neues Paradigma oder Relaunch einer ehrwürdigen Tradition?, Marburg 2012; Carin M. Schirmacher: Paradoxien des Digital Turn in der Architektur 1990-2015. Von den Verlockungen des Organischen: digitales Entwerfen zwischen informellem Denken und biomorphem Resultat, Berlin 2018.

18 Nathalie Bredella, Chris Dähne und Frederike Lausch (Hg.): Utopia Computer. The „New" in Architecture?, Berlin 2023.

19 Andrew Goodhouse (Hg.): When is the Digital in Architecture?, Montreal und Berlin 2017.

20 Ekkehard Drach (Hg.): Das Verschwinden des Architekten. Zur architektonischen Praxis im digitalen Zeitalter, Bielefeld 2016.

21 Daniel Gethmann und Susanne Hauser (Hg.): Kulturtechnik Entwerfen. Praktiken, Konzepte und Medien in Architektur und Design Science, Bielefeld 2009.

einandersetzt[22] und dabei auch das digitale Entwerfen in den Blick nimmt[23], ist in jüngerer Zeit eine Hinwendung zu Fragen digitaler Bildlichkeit und Visualität im virtuellen Raum zu beobachten.[24] In diesem Zusammenhang artikuliert sich ebenso ein zunehmendes Interesse am Verhältnis von Architektur und Medialität.[25] Viele dieser Aspekte finden sich vereint in Publikationen wie *Die Architekturmaschine* zur gleichnamigen Ausstellung im Architekturmuseum München oder *Atlas of Digital Architecture*.[26]

Was dabei bislang jedoch nur vereinzelt beachtet wurde, ist die Frage nach den Folgen der Digitalisierung für die Entwurfsvisualisierung, für die visuelle Repräsentation des Entworfenen, die bildliche Darstellung von noch nicht gebauter Architektur.[27] Dies erscheint umso bemerkenswerter, als zum

22 Sabine Ammon und Eva Maria Froschauer (Hg.): Wissenschaft Entwerfen. Vom forschenden Entwerfen zur Entwurfsforschung in der Architektur, München 2013; Barbara Wittmann: Werkzeuge des Entwerfens, Zürich 2018; Rikke Lyngsø Christensen, Ekkehard Drach, Lidia Gasperoni et al. (Hg.):Artefakte des Entwerfens. Skizzieren, Zeichnen, Skripten, Modellieren, Berlin 2020; Christian Gänshirt: Werkzeuge für Ideen. Einführung ins architektonische Entwerfen, Basel 2007/2021 (erw. u. akt.).

23 Nicole Stöcklmayr: Linie und Körper. Parametrisierte Entwurfsumgebungen in der Architektur. In: Sara Hillnhütter (Hg.): Planbilder. Medien der Architekturgestaltung, Berlin 2015, S. 9–16; Nathalie Bredella und Carolin Höfler (Hg.): Computational Tools in Architecture, Cybernetic Theory and Objectivity (Architectural Research Quarterly, Vol. 21, no. 1), Cambridge 2017.

24 Margarete Pratschke: Die Architektur digitaler Bildlichkeit – „overlapping windows" zwischen Displays und gebautem Raum. In: Andreas Beyer, Matteo Burioni und Johannes Grave (Hg.): Das Auge der Architektur. Zur Frage der Bildlichkeit in der Baukunst, München 2011, S. 483–507; Fabian O. Scholz: Was nützt das Foto beim Entwerfen. Eine Perspektive. In: Hubert Locher und Rolf Sachsse (Hg.): Architektur Fotografie. Darstellung – Verwendung – Gestaltung, Berlin und München 2016, S. 148–164; Sabine Ammon und Inge Hinterwaldner (Hg.): Bildlichkeit im Zeitalter der Modellierung. Operative Artefakte in Entwurfsprozessen der Architektur und des Ingenieurwesens, München 2017.

25 Christophe Barlieb und Lidia Gasperoni (Hg.): Media Agency. Neue Ansätze zur Medialität in der Architektur, Bielefeld 2020; Carolin Höfler und Philipp Reinfeld (Hg.): Mit weit geschlossenen Augen. Virtuelle Realitäten entwerfen, Paderborn 2022.

26 Teresa Fankhänel und Andres Lepik (Hg.): Die Architekturmaschine. Die Rolle des Computers in der Architektur, Ausst.kat. München, Basel 2020; Ludger Hovestadt, Urs Hirschberg und Oliver Fritz (Hg.): Atlas of Digital Architecture. Terminology, Concepts, Methods, Tools, Examples, Phenomena, Basel 2020. Vgl. hierzu Hubert Locher: Atlas of Digital Architecture. Zur Rolle des Bildes in der digitalen Architektur – Ein Lesebericht, 04.10.2024, https://www.digitalesbild.gwi.uni-muenchen.de/atlas-of-digital-architecture-zur-rolle-des-bildes-in-der-digitalen-architektur-ein-lesebericht/ [Stand: 01/2024].

27 Marcus Woeller: Der schöne Schein moderner Häuser-Simulationen. In: Welt, 04.01.2016, https://www.welt.de/kultur/kunst-und-architektur/article150563140/Der-schoene-Schein-moderner-Haeuser-Simulationen.html [Stand: 01/2024]; Bauwelt, Jg. 107, 2016, Heft-Nr. 33 (26. Aug.): Ungebautes inszenieren – Architektur verkaufen; Hochparterre, 2017,

einen eine enge Verbindung zwischen Bild und Bau traditionell besteht – vom Bauplan über das werbende Schaubild bis zur Verbildlichung utopischer Ideen – und zum anderen diese Verbindung strukturell durch den schöpferisch-technischen Vorgang des Entwerfens selbst bedingt ist.[28] Es wird hier daher prinzipiell davon ausgegangen, dass die bildliche Darstellung mitsamt den damit verbundenen medialen Transformationen integraler Bestandteil der Architektur ist.[29]

So bedarf die Vorstellung von einem Gebäude zu ihrer Ausarbeitung im iterativen Prozess des Entwerfens wie auch zu ihrer materiellen Realisierung der Visualisierung, die auf verschiedene Weise und in unterschiedlichen Formaten unternommen wird.[30] Zwar lässt erst das gebaute Objekt sich begehen oder fotografieren, doch existiert es als mehr oder weniger ausgearbeitetes Konzept bereits im entworfenen Zustand und manifestiert sich in bildlichen Umsetzungen, die ein Projekt erst kommunizierbar und auch vermarktbar machen. Visualisierungen unterschiedlichster Art und Konkretisierungsgrades prägen daher seit jeher den Begriff und die Vorstellung von Architektur, wobei prinzipiell eine Differenz zwischen bildlicher Repräsentation und baulicher Realisierung im Spiel ist.[31] Diesen Bildern kommt im architektonischen Gestaltungsvorgang als Zielgröße, Vision, Idealbild ebenso eine Rolle zu wie als kommunikatives Mittel bei der Selbstdarstellung und Vermarktung eines Architekturbüros und schließlich als visuelles Argument für die Theorie und Historiografie der Architektur.

Wie auf der Ebene des architektonischen Entwerfens hat die Digitalisierung so auch im Bereich der visuellen Architekturrepräsentation zu konzeptuellen Veränderungen geführt, die gleichermaßen umfassend und tiefgreifend sind. Mit dem Aufkommen der digitalen Entwurfs- und Visualisierungswerk-

Heft Sept.: Architektur visualisieren; Oliver Herwig: Bilderverbot! Was da zu sehen ist – wird so nie gebaut werden. In: NZZ, 04.02.2020, https://www.nzz.ch/feuilleton/renderings-in-der-architektur-was-zu-sehen-ist-wird-nie-gebaut-ld.1517723?mktcid=smsh&mktcval=E-mail [Stand: 01/2024]; Chris Dähne: Die ‚analogen Bilder' digitaler Architektur. In: Wolkenkuckucksheim, Jg. 25, 2021, Heft-Nr. 40, S. 113–124.

28 Rolf Sachsse: Bild und Bau. Zur Nutzung technischer Medien beim Entwerfen von Architektur, Braunschweig und Wiesbaden 1997.

29 Für die Fotografie: Locher und Sachsse 2016 (s. Anm. 24).

30 Sonne 2011 (s. Anm. 13); Monika Melters und Christoph Wagner (Hg.): Die Quadratur des Raumes. Bildmedien der Architektur in Neuzeit und Moderne, Berlin 2017.

31 Anna Valentine Ullrich: Medienwirkungen: Rezeption zwischen Architektur, Sprache und Bild. In: Wolkenkuckucksheim, Jg. 12, 2008, Heft-Nr. 2, o. P.

zeuge und den fortschreitenden Entwicklungen im Bereich der Computergrafik vollzog sich vom Beginn der 1990er bis zur Mitte der 2000er Jahre ein ebenso fundamentaler wie rasanter Medienwechsel, der sich in der nahezu vollständigen Ablösung der analogen Entwurfsdarstellung durch das digitale Bild niederschlägt.

Die Digitalisierung des Visualisierens

Bezeichnenderweise ist dieser Prozess mehr oder weniger schleichend verlaufen. War die Ablösung des Tuschestifts und der Reißschiene als die gebräuchlichen Medien der grafischen Entwurfs- und Planerstellung in den Architekturbüros durch den Computer von einer intensiven Debatte begleitet, so hat hingegen das digitale Bild als Medium der Architekturdarstellung fast unmerklich, aber dennoch stetig und schließlich vollumfänglich Einzug in die Architekturpraxis gehalten, ohne von einer vergleichbaren Diskussion und medialen Aufmerksamkeit begleitet gewesen zu sein.

Stattdessen ist schon vor Einsetzen der CAD-Debatte Mitte der 1980er Jahre in Deutschland ein zunehmendes Interesse an der Handzeichnung als Medium der Architekturdarstellung festzustellen[32], das um 1990 seinen publizistischen Höhepunkt erreichte.[33] Bemerkenswert ist, dass das Interesse an der Architekturzeichnung Anfang der 2000er Jahre erneut erwachte, nun jedoch unter den Vorzeichen des historischen Wandels.[34]

32 Daidalos, 1981, Heft-Nr. 1: Zeichnung als Medium der Abstraktion u. 1987, Heft-Nr. 25: Die verführerische Zeichnung; Jahrbuch für Architektur 1981/1982, Braunschweig und Wiesbaden 1981; ETH Zürich (Hg.): Symbol and Interpretation, Ausst.kat., Zürich 1981; Helmut Jacoby: Neue Architekturdarstellung, Stuttgart 1981.

33 Winfried Nerdinger (Hg.): Die Architekturzeichnung. Vom barocken Idealplan zur Axonometrie, München 1986; Thilo Hilpert: Geometrie der Architekturzeichnung. Einführung in Axonometrie und Perspektive, Braunschweig und Wiesbaden 1988; Hans-Bernhard Adams (Bearb.): Architekturzeichnungen HPP 1978-1988, München 1989; Werk, Bauen+Wohnen, Jg. 76, 1989, Heft-Nr. 3: Architektur auf dem Papier; Roland Knauer: Entwerfen und Darstellen. Die Zeichnung als Mittel des architektonischen Entwurfs, Berlin 1991; Ulrike Stark (Hg.): Zeichnungen berühmter Architekten (IRB-Literaturauslese, 3322), München 1992; Peter Wels: Architekturzeichnungen, Hamburg 1993; Werner Zinkland (Hg.): Architektenzeichnungen. Wege zum Bau, Ausst.kat., München 1996.

34 Bernd Evers: Der zeichnende Architekt. Die Suche nach einem verlorenen Berufsbild in der Kunstbibliothek Berlin. In: Hans Schätzke (Hg.): Die Hand des Architekten. Zeichnungen aus Berliner Architektursammlungen, Ausst.kat., Köln 2002, S. 102-125; Gustav Peichl: Back to the pen – back to the pencil, Salzburg und München 2003; Anja Hartmann (Hg.): Handgezeichnete Visionen. Eine Sammlung aus deutschen Architekturbüros, Berlin 2004.

So veranstaltete das Deutsche Architekturmuseum in Frankfurt 2001 eine Werkschau des Architekturzeichners Helmut Jacoby (1926–2005) und konstatierte dabei einen „Umbruch", da die Zeichnung „zunehmend vom animierten Computerbild ersetzt" werde.[35] In der Folge äußerte sich dieses Interesse auch institutionell, wie 2009 in der Gründung der Tchoban Stiftung zur Förderung der architektonischen Handzeichnung und dem 2013 von ihr initiierten Museum für Architekturzeichnung in Berlin[36], und hält bis heute an[37] – ein Indiz für die andauernde Virulenz und Brisanz des hier angezeigten Medienwechsels vom analogen zum digitalen Architekturbild.

Seit den 1990er Jahren ist zugleich eine verstärkte Beschäftigung mit dem Thema Rendering, der Erzeugung digitaler Visualisierungen mit dem Computer, auch im Rahmen architekturbezogener Fachtagungen und -publikationen zu beobachten.[38] Ab der zweiten 2000er-Hälfte ist ein deutlicher Anstieg der Software-Handbuchliteratur für Architekturvisualisierung zu verzeichnen. Sind in der Architekturpraxis zwar schon in den 1980er Jahren vereinzelt Hinweise auf das „Vordringen der Computergrafik"[39] anzutreffen, lässt sich hier jedoch keine vergleichbare Debatte über die Vor- und Nachteile der digitalen Architekturdarstellung ausmachen wie bei der Einführung der CAD-Werkzeuge. Erst ab Mitte der 2000er Jahre begann man, sich jenseits konkreter Praxiszusammenhänge den Folgen der Digitalisierung für die Architekturdarstellung zuzuwenden. Diese waren inzwischen so evident geworden, dass sie zur Reflexion drängten.[40] So konstatierte Philip Ursprung 2008 ein

35 DAM: Helmut Jacoby – Meister der Architekturzeichnung, https://dam-online.de/veranstaltung/archiv-helmut-jacoby-meister-der-architekturzeichnung-2/ [Stand: 01/2024].

36 Eva-Maria Barkhofen (Hg.): Architekturwelten. Sergei Tchoban – Zeichner und Sammler, Ausst.kat., Berlin 2010; Tchoban Foundation (Hg.): Museum für Architekturzeichnung, Berlin [2017].

37 Konferenz „The End of Architectural Drawings?", Rom, November 2018, https://arthist.net/archive/19279 [Stand: 01/2024]; Klaus Jan Philipp: Architektur – gezeichnet. Vom Mittelalter bis heute, Basel [2020].

38 Pere Brunet (Hg.): Photorealistic rendering in computer graphics, Proceedings of the Second Eurographics Workshop on Rendering, Berlin et al. 1994; TU Dresden (Hg.): Zeichnung, Grafik, Bild in Technikwissenschaften und Architektur, Dresden 1994; Georgios Sakas (Hg.): Photorealistic rendering techniques, Berlin et al. 1995; IKM Weimar (Hg.): Digital proceedings. Internationales Kolloquium über Anwendungen der Informatik und Mathematik in Architektur und Bauwesen, Weimar 1997.

39 Werner Durth: Gebrochene Spiegel: Reflexionen über einen Atelierbesuch bei Helmut Jacoby. In: Daidalos 1987 (s. Anm. 32), S. 92–105, hier S. 105.

40 Jörg H. Gleiter, Norbert Korrek und Gerd Zimmermann (Hg.): Die Realität des Imaginären. Architektur und das digitale Bild, 10. Internationales Bauhaus-Kolloquium Weimar 2007, Weimar 2008.

„Dilemma der Architekturdarstellung", weil Photoshop dazu geführt habe, „dass Architekturdarstellungen heute international weitgehend standardisiert" seien.[41]

Trotz solcher Standardisierungstendenzen hat sich die Praxis der digitalen Architekturbildproduktion zu einem reich differenzierten Tätigkeitsfeld ausgeweitet, dessen Erzeugnisse mitunter durchaus auch einen künstlerischen Anspruch erkennen lassen. Interessanterweise sind es dabei in vielen Fällen nicht die entwerfenden Architekturbüros selbst, die ihre eigenen digitalen Schaubilder erstellen, sondern spezialisierte Grafikagenturen, die im Auftrag die digitale Entwurfsvisualisierung übernehmen. Die Digitalisierung des externen professionellen Visualisierungsangebots setzte zu Beginn der 1990er Jahre ein und hat sich als ein kaum mehr zu überblickender Markt der kommerziellen digitalen Architekturbildproduktion etabliert. Eine einfache Google-Suchanfrage mit dem Begriff „Architekturrendering" genügt, um einen ersten Eindruck von den Dimensionen dieses Geschäftsfeldes zu erhalten. Derartige digitale Bildprodukte sind ubiquitär anzutreffen: in der Wettbewerbspräsentation, auf der Bürohomepage, im Immobilienprospekt, auf Instagram, auf dem Baustellenschild.

Gegenstand und Ziel des Projekts

Im Lauf des Projekts haben wir uns mit der Untersuchung der Rolle des digitalen Bildes im Entwurfs- und Repräsentationsprozess der Architektur im Zeitraum von 1980 bis heute befasst. Unser Ziel war die Prüfung der Annahme einer im Entwurfsprozess und den ihn kontinuierlich begleitenden Repräsentationen erfolgenden medienspezifischen Prägung der Architektur durch die digitalen Entwurfs- und Darstellungsmethoden. Anstatt dabei von einer deterministisch gearteten Beziehung

41 Philip Ursprung: Photoshop und die Folgen: Das Dilemma der Architekturdarstellung. In: ebd., S. 171–176, hier S. 171.

zwischen den digitalen Werkzeugen und den mit ihnen erzielten Resultaten auszugehen, sollten Entwerfen und Visualisieren über das Bild miteinander verknüpft werden, um dadurch Produktion und Repräsentation von Architektur in ihrem Zusammenhang zu beleuchten.

Wie Cervin Robinson und Joel Herschman 1987 mit ihrer Publikation *Architecture Transformed. A History of the Photography of Buildings from 1839 to the Present*[42] aufgezeigt haben, wandelt sich das Bild dessen, was als Architektur jeweils begriffen und verstanden wird, in Abhängigkeit von der Art und Weise ihrer Darstellung. Durch Fotografien prägt sich bei den Betrachtenden ein anderes Vorstellungsbild von Architektur als beispielsweise durch Zeichnungen, und wie bei Zeichnungen geht auch die fotografische Repräsentation von Architektur mit medialen Transformationen einher, die das Dargestellte auf spezifische Weise prägen.

Hier setzten wir an, indem sich zeigen lässt, dass es beginnend ab den 1980er Jahren noch einmal zu einer tiefgreifenden medialen Umprägung des Architektonischen kommt, zu einer Transformation der Architektur im Zeichen des digitalen Bildes – ein Prozess, der als epochaler Medienwechsel in der Geschichte der Architekturrepräsentation verstanden wird. Architektur ist heute, im digitalen Zeitalter, mehr denn je weltweit und zur selben Zeit in Form von Bildern präsent, und auch heute wirken diese Bilder auch auf diejenigen zurück, die Architektur entwerfen und visualisieren.

Um diesen fundamentalen Wandel zu greifen, nähern wir uns einerseits über die kunsthistorische Erfassung und Beschreibung des Phänomens, andererseits über eine praxisbezogene architekturwissenschaftliche Analyse, um zu einer theoretischen Reflexion der möglichen Auswirkungen des digitalen Bildes auf die Produktion, Repräsentation und Rezeption

42 Cervin Robinson und Joel Herschman (Hg.): Architecture Transformed. A History of the Photography of Buildings from 1839 to the Present, Cambridge (Mass.) 1987.

von Architektur im digitalen Zeitalter zu gelangen und schließlich die Ablösung des analogen durch das digitale Architekturbild exemplarisch demonstrieren zu können.

Im Hinblick auf diese Zielsetzung wurde der Medienwechsel von der analogen zur digitalen Architekturvisualisierung innerhalb von zwei Teilbereichen untersucht, die in ihrer Dualität sowohl zentral als auch repräsentativ für ein solches Anliegen sind. Zum einen haben wir in Marburg den zeitgeschichtlich in den publizierten Quellen verortbaren Rezeptionsprozess der digitalen Entwurfs- und Visualisierungstechnologien und ihrer Erzeugnisse erkundet. Im Cottbuser Teilprojekt wurde an und mittels ausgewählter Softwareprogramme die Praxis des Entwerfens und der Architekturbildproduktion im Zeitalter der Digitalisierung untersucht. Im Lauf der Arbeiten haben wir uns regelmäßig untereinander ausgetauscht, um schließlich die Ergebnisse gemeinsam darzulegen.[43]

Teilprojekt Marburg

Inhaltlicher Ausgangspunkt des Marburger Teilprojekts ist die Frage nach der Genese, Ausbreitung und Rezeption des digitalen Bildes in der architektonischen Praxis. Dazu wird der Wechsel vom analogen zum digitalen Architekturbild selbst als medialer Transformationsprozess in den Blick genommen, den es ebenso in seinem Kontrast zu den vorgängigen Medien der Architekturdarstellung wie Zeichnung, Fotografie und Fotomontage zu erörtern gilt. Als Ausgangspunkt und Hintergrundfolie für die Etablierung des digitalen Bildes ist daher auch der Status quo der analogen Architekturdarstellung zu Beginn des Untersuchungszeitraums Anfang der 1980er Jahre zu beschreiben. Als zentraler Forschungsschritt wird im methodischen Rahmen einer repräsentativen Zeitschriftenrecherche der Ein-

43 Siehe Anm. 3.

zug des digitalen Architekturbildes in die Architekturpraxis von 1980 bis in die Gegenwart exemplarisch rekonstruiert und dabei sowohl die bildliche als auch die textliche Ebene analysiert.[44]

In Bezug auf die bildliche Ebene, das in den Zeitschriften enthaltene Abbildungsmaterial, werden drei verschiedene Dimensionen beleuchtet. Zum einen wird die qualitative Entwicklung des digitalen Architekturbildes thematisiert. Hier sind signifikante Qualitätsveränderungen oder -sprünge der bildlichen Darstellung in Relation zur technischen Entwicklung der Computergrafik herauszuarbeiten, die gestalterischen Spezifika der digitalen Bildästhetik zu bestimmen und die Herausbildung von Bildtypen und Standardisierungstendenzen wie Darstellungskonventionen, Bildformeln, Staffagefiguren, aber auch alternative digitale Darstellungsansätze zu ermitteln und nicht zuletzt die Rolle und der Anteil der Fotografie ins Auge zu fassen. Zum anderen wird der quantitative Verlauf des digitalen Architekturbildes erfasst und sein Einzug in die Architekturzeitschriften in seiner Chronologie rekonstruiert. Dazu wird das in den Zeitschriften vorhandene Abbildungsmaterial gemäß dem Autopsieprinzip händisch Seite für Seite gesichtet, fotografisch erfasst, dokumentiert, ausgewertet und schließlich anhand einer repräsentativen Bildauswahl zu einer Entwicklung des digitalen Bildes als Medium der Architekturdarstellung verknüpft.[45] Drittens wird auf dieser Grundlage das digitale Architekturbild als Gattung sui generis der Architekturdarstellung beleuchtet und seine kommunikative Funktion als Bild in typischen Verwendungszusammenhängen kritisch reflektiert.[46]

Zugleich bieten Zeitschriften als Quelle den Vorteil, dass sie auf textlicher Ebene deskriptive, reflexive, kommentierende, normative Aussagen enthalten, die Aufschluss über inhaltliche Aspekte wie auch über zeitgenössische Meinungen, Ansichten

44 Siehe Florian Henrich: Das digitale Bild als Medium der Architekturdarstellung in den Zeitschriften. In: Katalog 2023 (s. Anm. 3), S. 21–33. DOI: https://doi.org/10.11588/arthistoricum.1156.c15955

45 Siehe Florian Henrich, Dominik Lengyel und Catherine Toulouse: Die Evolution des digitalen Bildes – Das digitale Bild in der Architektur 1980–2020. In: ebd., S. 35–139, DOI: https://doi.org/10.11588/arthistoricum.1156.c15956 sowie das Abstract in diesem Band.

46 Siehe Hubert Locher: Bilder für den Konsum. Botschaft und Rhetorik des digitalen Architekturbildes. In: ebd., S. 140–151. DOI: https://doi.org/10.11588/arthistoricum.1156.c15957

und Urteile der Beteiligten geben können. Diese Texte, Artikel, Berichte, Kommentare werden ebenfalls bei der Zeitschriftenrecherche erhoben und in einem weiteren Schritt im methodischen Rahmen einer diskursorientierten Analyse ausgewertet. Auch wenn der Einzug des digitalen Architekturbildes ohne größere Aufmerksamkeit verlief, findet sich in den Zeitschriften eine Vielzahl an Aussagen, die sich als diskursiver Zusammenhang rekonstruieren lassen. Dabei stehen folgende Fragen im Mittelpunkt: Wie wird das digitale Bild als Darstellungsmittel diskutiert? Welche Vor- und Nachteile werden ihm im Vergleich zu analogen Darstellungsweisen attestiert? Welcher Status wird ihm zugeschrieben? Ist das digitale Architekturbild ursprünglich aus der architektonischen Entwurfspraxis hervorgegangen oder ein genuines Produkt der Computergrafik? Inwiefern spielen fotografische Praktiken in die digitale Entwurfsvisualisierung hinein? In welchem Verhältnis steht die Entwicklung der digitalen Entwurfs- und Visualisierungswerkzeuge? Wann etabliert sich digitale Architekturvisualisierung als eigenes Genre und was sind die Gründe für das Einsetzen der Kritik am digitalen Fotorealismus?[47]

Diese Fragen wurden im engen Austausch mit der Cottbuser Arbeitsstelle bearbeitet. Von Cottbuser Seite wurde zudem ergänzend zur Marburger Zeitschriftenrecherche das Bildmaterial des renommierten Schinkelwettbewerbs am Architekturmuseum der Technischen Universität Berlin gesichtet.

Angesichts der Omnipräsenz, die das digitale Architekturbild heute über seine vielfältigen praktischen Verwendungszusammenhänge und medialen Verbreitungskanäle im Alltag erlangt hat, stellte sich als zu überprüfende Hypothese die Frage, ob dieses digitale Architekturbild mit seinen spezifischen Eigenschaften als Bildmedium stilbildend auf den Entwurfsprozess zurückwirkt. Die Annahme einer solchen rezeptions-

47 Siehe den Beitrag von Florian Henrich in diesem Band.

basierten, über das digitale Bild hergestellten Wechselwirkung zwischen Entwerfen und Visualisieren erscheint umso plausibler, als die Prägung durch die digitalen Architekturbildwelten mittlerweile so weit reicht, dass beim Spaziergang durch das Neubaugebiet, das neue Opernhaus oder die frisch bebaute Industriebrache sich nicht selten das Gefühl einstellt: „Hey, ich steh im Rendering!“[48]

Teilprojekt Cottbus

Im Cottbuser Teilprojekt wird der fundamentale Medienwechsel von der analogen zur digitalen Entwurfsdarstellung einer dezidiert praxisbezogenen empirisch-analytischen Untersuchung im Kontext der aktuellen architektonischen Entwurfs- und Visualisierungsmittel unterzogen. Hier steht weniger der Wechsel selbst als zu untersuchendes Phänomen im Zentrum als vielmehr die Frage nach strukturellen, entwurfsimmaneten Effekten des Einsatzes digitaler Bildgebungstechnologien auf Entwurf und Visualisierung von Architektur. Das Interesse richtet sich also in erster Linie nicht auf die Entwerfenden und deren gestalterische Intentionen, sondern auf die digitalen Entwurfswerkzeuge, das heißt die zur Verfügung stehenden Technologien der derzeit gebräuchlichsten Typen von Software-Programmen für CAD und Rendering und deren Anwendung.

Die Untersuchung gliedert sich in drei Abschnitte. In einem ersten vorbereitenden Schritt wird auch hier zunächst die technologische Entwicklungsgeschichte der digitalen Entwurfswerkzeuge als fundierende Kontextualisierung der eigentlichen empirischen Untersuchung beleuchtet. In einem zweiten, ebenfalls der Vorbereitung dienenden Schritt wird der Frage nachgegangen, über welche Etappen sich CAD-Programme von Konstruktionswerkzeugen für primär technisches Zeich-

48 Andrea Roedig: „Hey, ich steh im Rendering!“ In: NZZ, 03.11.2015, https://www.nzz.ch/feuilleton/kunst_architektur/hey-ich-steh-im-rendering-ld.1065785 [Stand: 01/2024]. Siehe den Beitrag von Hubert Locher und Florian Henrich in diesem Band.

nen zu Modellierungswerkzeugen für gestalterisches Entwerfen entwickelt haben und inwiefern dies mit Veränderungen auf der visuellen Ebene einherging.

Auf Basis dieser Vorarbeiten wird im dritten Schritt als zentraler Beitrag des Cottbuser Teilprojekts eine exemplarische Analyse und illustrative Simulation unterschiedlich strukturierter und konzipierter CAD-Programme und ihrer bildlichen Erzeugnisse im Hinblick auf mögliche Effekte des digitalen Architekturbildes geleistet. In kritischer Überprüfung der Annahme gesteigerter Bildlichkeit des digitalen Entwerfens steht dabei neben der bildlich-visuellen Verfasstheit des Entwurfsprozesses im digitalen Bildraum vor allem die Frage nach konkreten, nutzungs- und wahrnehmungsbedingten ästhetischen Auswirkungen des digitalen Werkzeugs auf die Entwurfsergebnisse im Fokus: Inwiefern spielt die visuelle Repräsentation etwa von Bauteilen in Objektbibliotheken eine Rolle im Entwurfsprozess? Welcher Einfluss geht von vorprogrammierten Presets oder suggerierten Abläufen zur Nutzung des Programms aus und inwiefern schlagen sich diese im Entwurfsresultat oder im realisierten Gebäude nieder? Was sind die Auswirkungen des Umgangs mit Entwurfssoftware auf das kognitive räumliche Vorstellungsvermögen derjenigen, die sie anwenden? Inwiefern hat dies wiederum einen Einfluss auf die Benutzung der Programme? Dabei lautet die übergeordnete Frage, ob sich spezifische softwarebedingte, visuell vermittelte Standardisierungstendenzen innerhalb von Entwurf und Architekturbildproduktion ermitteln und benennen lassen, die auf den Einsatz digitaler Entwurfsprogramme zurückgeführt werden könnten.[49]

Dabei liegt der Untersuchung die Hypothese zugrunde, dass es sehr wohl plausibel ist, von Auswirkungen des auf Visualität basierten, von bildgebenden Komponenten begleite-

49 Siehe Dominik Lengyel und Catherine Toulouse: Der Produktionsprozess des digitalen Bildes in der Architektur. In: Katalog 2023 (s. Anm. 3), S. 13–20, DOI: https://doi.org/10.11588/arthistoricum.1156.c15954 sowie das Abstract in diesem Band.

ten und strukturierten digitalen Entwurfsverfahrens auf die damit erzielten Resultate auszugehen. Solche Effekte werden jedoch kaum auf unumgehbare formbestimmende Determinismen zurückzuführen sein, die den digitalen Werkzeugen immanent sind. Ebenso wenig lassen sich die Auswirkungen der digitalen Entwurfswerkzeuge allein an den aufwendigen Formen herausragender Architektur-Ikonen als prominente Vertreter einer ‚digitalen Architektur' erfassen, kommen doch diese Werkzeuge auch bei weitaus weniger spektakulären Bauten zum Einsatz, auch wenn sie dort wesentlich subtiler in Erscheinung treten. So wie es mit dem Computer möglich ist, den ostentativ gekurvten „Blob" zu kreieren, so ist es mit ihm genauso möglich, die simpel gerasterte „Box" oder das Standardeinfamilienhaus ‚von der Stange' zu entwerfen.

Ziel der Untersuchung ist es daher letztlich, einen Beitrag zur Klärung der Frage zu leisten, was mit ‚digitaler Architektur' überhaupt gemeint sein kann und an welchen gestalterischen Indikatoren sich dies in der gebauten Umwelt festmachen lassen könnte. Dabei gilt es auch, die Bedeutung der Visualisierung für die architektonische Lehre herauszustellen und zu diskutieren.[50]

50 Siehe den Beitrag von Dominik Lengyel und Catherine Toulouse in diesem Band.

1 Vorlage Hintergrund
2 Florian Greiner
3 Franceska Schwendtner
4 Joost Helfers
5 Konstantin Pussert
6 Moritz Jancke
7 Olivia Chroscinski
8 Sophia Todt

Seminararbeiten – zum Produktionsprozess des digitalen Bildes

Die Aufgabe im Seminar war es, auf der sprichwörtlichen grünen Wiese ein Refugium für zwei Personen zu entwerfen. Die architektonische Gestaltung war völlig freigestellt, es gab keine Vorgaben. Durch die gestalterische Freiheit wollten wir ein Höchstmaß an intrinsischer Gestaltung und gleichzeitig eine maximale Vergleichbarkeit erreichen. Für die Bearbeitung haben wir zwei CAD-Programme zur Auswahl gestellt: ein bauteil- und ein freiflächenorientiertes Programm. Teilgenommen haben Studierende aus dem zweiten Studienjahr des Bachelor-Studiengangs Architektur.

Im Entwurfsprozess beeinflussen sich Darstellung und Gestaltung permanent, das eine ist ohne das andere nicht denkbar. Das Entwerfen in der Perspektive – im Gegensatz zum üblichen Entwerfen im Grundriss – stellt den eigenen Entwurf direkt in den räumlichen Kontext. Vor allem aber nimmt das Entwerfen in der Perspektive die Wahrnehmung der späteren Benutzerinnen und Benutzer vorweg und schützt vor bösen Überraschungen. Das ist ein entscheidender Unterschied zum Entwerfen im Grundriss. Es zeigt sich immer wieder, dass wesentliche Veränderungen in der Perspektive sich im Grundriss gar nicht niederschlagen. Der Grundriss und die verbleibenden planimetrischen Projektionen wie Ansicht und Schnitt sind dadurch zwar nicht weniger wichtig, umgekehrt aber eben auch nicht hinreichend für das architektonische Entwerfen.

An ausgewählten Arbeiten wird der Produktionsprozess erläutert: DOI: https://doi.org/10.11588/arthistoricum.1156.c15954.

Publiziert in: Locher et al. (Hg.), Rendering/Visualisierung (Begriffe des digitalen Bildes, 5), München 2024, S. 24-25. DOI: https://doi.org/10.5282/ubm/epub.109216

1985

1988

1999

2006

2013

2019

Lucien Kroll, Les Rocages Saint-Germain-sur-Vienne (1985 ARCH+), © VG Bild-Kunst, Bonn 2024

Zechner & Zechner, Wettbewerb Sparkasse Leoben (1988 ARCH+)

MVRDV, Flight Forum (1999 ARCH+)

BEHF Architekten, Kaufhaus Tyrol Innsbruck (2006 BW)

Miebach Oberholzer Architekten, Zentral- und Landesbibliothek Tempelhofer Feld Berlin (2013 BW)

Johannes Hertell (2019 Schinkelwettbewerb)

Bildessay – das digitale Bild in der Architektur 1980-2020

Neben den Folgen für das Entwerfen fragt das Forschungsprojekt nach der Entwicklung des digitalen Bildes als Medium der Architekturdarstellung im Wandel vom analogen zum digitalen Zeitalter: Wie ging dieser Wandel vor sich? Wie verlief der Einzug in die architektonische Bildpraxis? Wie hat sich das Darstellen von ungebauter Architektur vom Zeichnen mit der Hand zum Visualisieren mit dem Computer verändert? Ausgehend von einer Zeitschriftenrecherche und der Sichtung von Wettbewerbsmaterial wurde eine repräsentative Auswahl von 51 Bildern getroffen, die diese Entwicklung von 1980 bis 2020 nachzeichnet. Dabei wurden verschiedene Bildphänomene untersucht und auf ihre bildgestalterischen Mittel und ihre Wirkung befragt. Die Ergebnisse werden anhand der Bilder zu einer exemplarischen Entwicklungsgeschichte verknüpft, die über mehrere Etappen verläuft und eine eigene Chronologie aufweist. Im Zentrum stehen also weniger die dargestellten Bauten selbst als die Art und Weise ihrer Visualisierung in digitalen Bildern. Nicht zuletzt zeigen sich dabei deutliche gestalterische Konstanten, sodass eher von einer Evolution denn von einer Revolution gesprochen werden kann.

Die Bilder sind im Katalog abgebildet und ausführlich beschrieben. Siehe den QR-Code oder DOI: https://doi.org/10.11588/arthistoricum.1156.c15956.

Publiziert in: Locher et al. (Hg.), Rendering/Visualisierung (Begriffe des digitalen Bildes, 5), München 2024, S. 26-27. DOI: https://doi.org/10.5282/ubm/epub.109217

Abb. 1, Thematisch relevante Hefte der ARCH+ und Bauwelt zum Computer 1980–2020

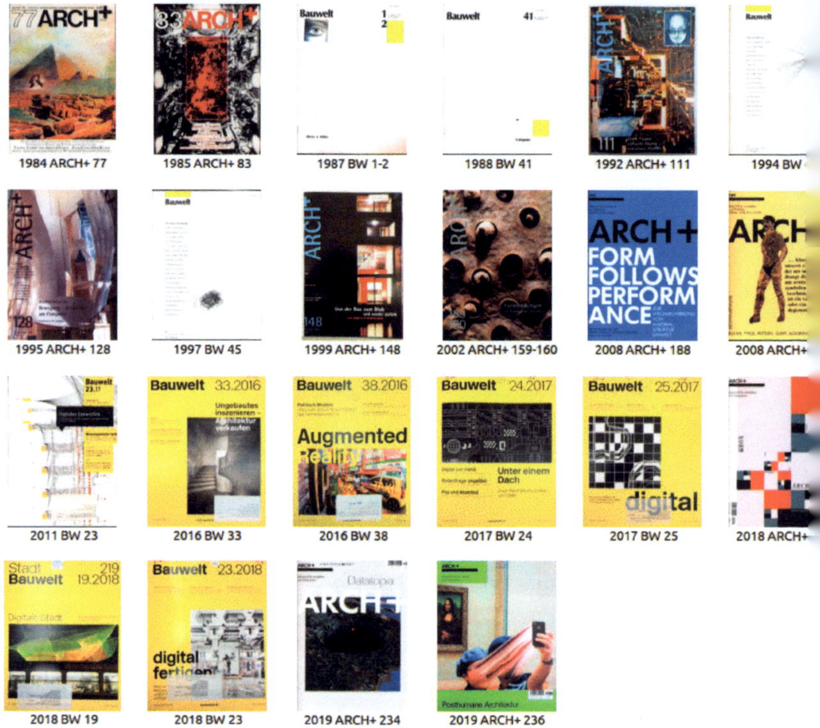

Abb. 2, Hefte, die das digitale Bild explizit thematisieren

Die Diskussion des digitalen Bildes in den Architekturzeitschriften

Die im Marburger Teilprojekt erzielten Ergebnisse basieren im Wesentlichen auf einer Zeitschriftenrecherche in der *ARCH+* und der *Bauwelt*.[1] Zeitschriften haben den Vorteil, dass sie oftmals über eine Bild- und über eine Textebene verfügen und sowohl qualitativ als auch quantitativ ausgewertet werden können. Nicht nur lassen sich Bildphänomene ebenso wie zeitgenössische Sichtweisen analysieren, sondern auch in ihrer Häufigkeit und Chronologie bestimmen und dadurch sowohl generalisieren als auch präzise datieren. Ebenso lassen sich beide Ebenen zueinander in der Art eines hermeneutischen Zirkels in Beziehung setzen. Die Texte können wichtige Informationen über die Bilder enthalten, beispielsweise zum Status quo der jeweiligen technischen Bedingungen, und damit als Korrektiv dienen, etwa wenn sich digitale Bilder in den Zeitschriften Anfang der 1990er Jahre vor diesem Hintergrund eher als Demonstrationen des Möglichen erweisen denn als Beispiele einer bereits gängigen, etablierten digitalen Bildpraxis. Umgekehrt können die Bilder die Texte relativieren, etwa wenn Äußerungen aus diesen Jahren angesichts der betreffenden Bilder aus heutiger Sicht eher euphorisch denn deskriptiv erscheinen.

Aufgrund der gegebenen Pandemie-Bedingungen musste sich die Recherche auf die beiden Architekturzeitschriften *ARCH+* und *Bauwelt* beschränken. Dafür wurden diese vollständig erhoben, das heißt, sämtliche Ausgaben aus allen 41

1 Siehe hierzu ausführlich Florian Henrich: Das digitale Bild als Medium der Architekturdarstellung in den Zeitschriften. In: Hubert Locher, Dominik Lengyel, ders. und Catherine Toulouse (Hg.): Architecture Transformed. Das digitale Bild in der Architektur 1980–2020, Ausst.kat., Heidelberg 2023, S. 21–33. DOI: https://doi.org/10.11588/arthistoricum.1156.c15955

Publiziert in: Locher et al. (Hg.), Rendering/Visualisierung (Begriffe des digitalen Bildes, 5), München 2024, S. 28–54. DOI: https://doi.org/10.5282/ubm/epub.109218

Jahrgängen von 1980 bis 2020 wurden per Hand Seite für Seite durchgeblättert. Auf diese Weise wurden 190 *ARCH+*- und gut 1.800 *Bauwelt*-Hefte gesichtet und dabei 413 Bilder und 263 Texte in der *ARCH+* und über 1.700 Bilder und 162 Texte in der *Bauwelt* erfasst. An diesem Ungleichgewicht von Text und Bild wird sogleich ersichtlich, dass für die Recherche bewusst ein eher textlastiges und ein eher bildlastiges Medium ausgewählt wurden, die sich in diesem Punkt – bei allen signifikanten inhaltlichen, programmatischen, publizistischen, historischen Unterschieden – komplementär ergänzen. Insgesamt liegen der Auswertung gut 2.100 digitale Architekturbilder und 420 Artikel, Berichte und Kommentare zugrunde.

Während an anderer Stelle das digitale Bild als Mittel und Medium der Architekturdarstellung von 1980 bis 2020 im Zentrum steht[2], geht es im Folgenden um die parallel dazu verlaufende zeitgenössische Diskussion in den Zeitschriften, wie sie exemplarisch an der *ARCH+* und der *Bauwelt* untersucht wurde.

Die Digitalisierung der Architektur im Spiegel der Zeitschriften

Ohne die Zeitschriften aufzuschlagen, markieren bereits die einschlägigen Themenhefte vor allem der *ARCH+* in ihrer Abfolge zentrale Etappen der diskursiven Auseinandersetzung mit der Digitalisierung der architektonischen Praxis. Es zeigt sich, wie die Reflexion über das Entwerfen mithilfe des Computers und dessen Auswirkungen Mitte der 1980er Jahre einsetzt und in der Folge daraus Schritt für Schritt eine Diskussion über ‚digitale Architektur' erwächst, die sich weitaus vielschichtiger ausnimmt, als Schlagworte wie „Blob" oder „Parametrismus" es vermuten lassen.

2 Siehe Anm. 1 und Florian Henrich, Dominik Lengyel und Catherine Toulouse: Die Evolution des digitalen Bildes – Das digitale Bild in der Architektur 1980–2020. In: ebd., S. 35–139, DOI: https://doi.org/10.11588/arthistoricum.1156.c15956 sowie das Abstract in diesem Band.

Unmittelbar nach Heft 75/76 „Die (in)formierte Stadt", in dem erstmals die sozialräumlichen Auswirkungen der neuen Kommunikationstechnologien erörtert werden, erscheint im November 1984 die *ARCH+* 77 „Thema: Computer-Aided-Design – Zum Stand der Kunst" und damit das erste Themenheft zum Computer überhaupt. Die hier angestoßene Diskussion setzt sich in der Auseinandersetzung mit verschiedenen Aspekten fort, die mehr oder weniger direkt mit dem Computer zu tun haben und einen diskursiven Weg zur ‚digitalen Architektur' beschreiben. Neben den weiteren Themenheften zum Computer wären dazu etwa „Fertig zum Abhub" (86/1986), „Dekonstruktive Architektur" (96/97/1988), „Das Haus als intelligente Haut" (104/1990), „Vilém Flusser" (111/1992), „Wohltemperierte Architektur" (113/1992), „Die Architektur des Komplexen" (121/1994), „InFormation" (131/1996) oder „Mehr ist anders" (138/1997) zu zählen. Kurz vor der Jahrtausendwende mit der Expo 2000 in Hannover wird dann mit Heft 148/1999 „Von der Box zum Blob und wieder zurück" das Phänomen der ‚digitalen Architektur' erstmals auf den Begriff gebracht. Aus dieser Themenfolge ergibt sich etwa folgendes Bild: So wie es der Computer erlaubt, die Formen dekonstruktivistisch zu sprengen und die Gebäudehülle von den tragenden Elementen abzukoppeln, so ermöglicht er es, sie in Anwendung technologischer Innovationen, ökologischer Modelle und biologischer Metaphern neu zu organisieren, und zwar mit stetig steigender Komplexität.

Auch in der *Bauwelt* werden der Computer und seine Folgen für die architektonische Praxis diskutiert, wenngleich hier die Auseinandersetzung erst vier Jahre später mit Heft 41/1988 „Computer" einsetzt und sich vor allem in den 2010er Jahren entfaltet. Ebenso setzt sich in der *ARCH+* die Debatte nach 2000 fort, die in beiden Zeitschriften bis heute anhält.

Nimmt man alle Hefte der *ARCH+* und *Bauwelt* zusammen, in denen zwischen 1980 und 2020 der Computer behandelt wird, verweist dies bereits auf einen der zentralen Befunde der Untersuchung (Abb. 1): Während der Computer in 22 Heften zum Thema gemacht wird oder zumindest eine Rolle spielt, finden sich darunter nur drei Hefte, in denen das digitale Bild explizit thematisiert wird, und darunter lediglich ein einziges zu Thema Renderings für die Entwurfsdarstellung. Dabei handelt es sich durchweg um *Bauwelt*-Hefte (Abb. 2). Es existiert zwar eine intensive und kontinuierliche Debatte über den Computer im architektonischen Entwerfen, nicht jedoch über seine Rolle und Bedeutung für das Visualisieren von Entwürfen, geschweige denn für das Darstellen von Architektur überhaupt. Abgesehen von vereinzelten technischen Erörterungen vor allem zu Beginn der 1990er Jahre, findet eine solche Diskussion nicht statt. Eine eingehende reflexive Auseinandersetzung mit dem digitalen Bild als Mittel und Medium der Architekturdarstellung im Zuge der Digitalisierung des Bauens ist in den Zeitschriften bis heute nicht festzustellen. Seine gestalterischen und ästhetischen Qualitäten bleiben weitestgehend unbedacht – im krassen Gegensatz zu seiner Omnipräsenz in der Praxis. Es ist insofern nicht übertrieben zu sagen, dass das digitale Bild einen blinden Fleck im Architekturdiskurs markiert.

Entwerfen

Schlägt man die Zeitschriften auf und beginnt sie von 1980 an durchzublättern, so lässt das digitale Bild ziemlich lange auf sich warten. *ARCH+* und *Bauwelt* sind weitestgehend computerfrei. Weder findet sich ein digitales Bild, noch wird der Computer diskutiert. Stattdessen steht „das Kopiergerät noch immer im Zenit seines bahnbrechenden Erfolges“[3]. Sowohl Entwerfen als auch Visualisieren sind Tätigkeiten, die in aller Regel analog von Hand ausgeführt werden. Eine Umfrage der Bundesarchitektenkammer im Dezember 1980 schätzt, dass nur „in gut 2 % aller Büros die EDV in irgendeiner Art und Weise gezielt angewendet wird, um die Architektentätigkeit zu unterstützen.“[4]

Abb. 3, Der erste Hinweis auf den Computer überhaupt: Werbeanzeige in Bauwelt 1980, 8 (22. Feb.), S. 297

Der erste Hinweis auf den Computer, der sich in den Zeitschriften überhaupt findet, ist denn auch eine kleine Werbeanzeige in der *Bauwelt* 8 im Februar 1980 für „komplette EDV-Anlagen […] für Architektur, Statik, Haustechnik, Hausverwaltung, Makler und kaufmännischer [sic] Verwaltung“[5] (Abb. 3). Dies ist in mehrfacher Hinsicht aufschlussreich. Zum einen zeigt sich, dass der Computer nicht von zeichnerischer, gestalterischer oder gar künstlerischer Seite in die Architekturpraxis einzieht, sondern als Hilfsmittel für die logistische Abwicklung des Bauprozesses gemäß AVA (Ausschreibung, Vergabe, Abrechnung). Zum anderen wird deutlich, dass sein Einzug in die Zeitschriften schleichend, fast unmerklich vonstatten geht. Wie die Anzeige belegt, kommt der Computer in der Praxis bereits zum Einsatz, ohne dass dies für mediales Aufsehen sorgen würde.

3 Ulrich Giersch: Zettels Traum. Der Fotokopierer – die Spitze unsichtbarer Datenberge. In: Bauwelt (= BW), Jg. 79, 1988, Heft-Nr. 41 (28. Okt.), S. 1782–1787, hier S. 1782. Zitate sind im Folgenden farblich hervorgehoben.

4 Baumgarten, Gerken, Hämmerling und Riepl: Datenverarbeitung für Architekten, Stuttgart et al. 1982, S. 195.

5 BW, Jg. 71, 1980, Heft-Nr. 8 (22. Feb.), S. 297.

Abb. 4, Cover der ARCH+ 1984, 77 (Nov.): das erste Themenheft zum Computer

Der Computer hält demnach unter dem Begriff „EDV" und nicht „CAD" Einzug in die Zeitschriften. Dort wird er, wenn überhaupt, entweder unter dem „Flair der Technik und des Investitionsaufwandes" oder als drohende „radikale Reduktion der Beschäftigten im Betrieb der Büroarbeit" wahrgenommen.[6] Der Begriff „CAD" taucht erstmals im April 1983 auf, bezeichnenderweise wiederum in einer Werbeanzeige der *Bauwelt*.[7] Die in alldem sich abzeichnende Ambivalenz gegenüber dem Computer bei seiner Einführung in die Architekturpraxis in Deutschland zu Beginn der 1980er Jahre kommt auch auf dem Cover des ersten Themenheftes der *ARCH+* 77/1984 zum Ausdruck: Zu sehen ist die Fotomontage eines Großrechners zu Füßen der Sphinx, um auf das Fremdartige, Rätselhafte und Hermetische jener Technologie anzuspielen, mit der sich das Publikum konfrontiert sieht (Abb. 4). Offenbar lässt sich das Phänomen nicht länger ignorieren, der Druck zur Auseinandersetzung ist zu groß, während im selben Heft über ökologisches Bauen mit Lehm und Grasdach berichtet wird – bezeichnende Gleichzeitigkeit des Ungleichzeitigen.

In der Tat herrschen große Skrupel in der deutschen Architekturszene gegenüber dem Computer als Werkzeug für den Entwurf. So vor allem die Befürchtung, er bedrohe die gestalterische Kreativität und schränke die individuellen künstlerischen Ausdrucksmöglichkeiten ein. Diese skeptische bis ab-

6 Barbara Tietze: Ergonomie in Büro und Verwaltung. Eine historische Untersuchung. In: BW, Jg. 72, 1981, Heft-Nr. 38 (14. Aug.), S. 1322–1325, hier S. 1324 u. 1325.

7 BW, Jg. 74, 1983, Heft-Nr. 15 (22. April), Rückcover Innenseite: CIS Computer-Service im Ingenieurbüro GmbH Dortmund.

lehnende Haltung hat ihre Gründe. Hard- und Software sind extrem kostspielig, sodass viele Büros vor einer Investition zurückschrecken. Zudem setzt der Einsatz der Computertechnologie ein Spezialwissen voraus, das kaum verbreitet ist und erst mühsam erlernt werden muss.

Viel schwerer wiegt allerdings der Umstand, dass der Beginn der Digitalisierung des Bauens in die Hochphase jener ambitionierten Bestrebungen fällt, die der Architektur wieder zum Status einer vollwertigen Kunstgattung verhelfen wollen. Diese historische „Gleichzeitigkeit und Unterschiedlichkeit" von „Computer Aided Design und Post-Modernism" ruft bei vielen Architekturschaffenden „hysterische Erregtheit einerseits, betroffenes Schweigen andererseits" hervor[8], wird doch im Computer eine Bedrohung für das Vorhaben einer künstlerischen ‚Revision der Moderne' gesehen. Derartige Bedenken äußern sich auch andernorts. Analog zum Kampfbegriff des ‚Bauwirtschaftsfunktionalismus' greift die „These von der ‚Datenverarbeitungsarchitektur'"[9] um sich, „daß wir […] erneut der Faszination erliegen könnten, die in den neuen technischen Möglichkeiten liegt, genau wie wir uns vor 20 Jahren faszinieren ließen von der Technisierung des Bauwesens, von Fertigteilbaukästen, Megastrukturen, Raumstädten."[10] Doch statt sich mit diesen neuen Möglichkeiten zu befassen, erfahren hingegen tradierte zeichnerische Architekturdarstellungsverfahren wie die Axonometrie einen Boom, der sich Ende der 1980er Jahre regelrecht zu einem „neuen Zeichnungskult"[11] auswächst. Manchen scheint es, „als entwickele sich die manuelle Zeichentechnik zu einem bewußten Statement der Architekten gegen die bevorstehende Zeit des CAD."[12]

8 Nikolaus Kuhnert: Rechnergestütztes Entwerfen. In: ARCH+, 1984, Heft-Nr. 77 (Nov.), S. 25. „Erregtheit" bezieht sich auf die Postmoderne, „Schweigen" auf den Computer.

9 Michael Pawelski: CAD in der Architekturplanung. In: ders. und Joachim Winke (Hg.): CAD-Leitfaden für Architekten. Rechnergestütztes Zeichnen und Entwerfen, Karlsruhe 1985, S. 7–11, hier S. 7.

10 Dieter Rogalla: Ein nachdenkliches Schlußwort. In: Walter Ehlers, Gernot Feldhusen und Carl Steckeweh (Hg.): CAD: Architektur automatisch? Texte zur Diskussion, Braunschweig und Wiesbaden 1986, S. 255–256, hier S. 256.

11 Werner Oechslin: Editorial. In: Daidalos, 1987, Heft-Nr. 25 (15. Sept.), S. 23.

12 Helmut C. Schulitz: CAD im Text. Das Institut für Angewandte Mikroelektronik, Braunschweig. In: ARCH+, 1985, Heft-Nr. 83 (Dez.), S. 51–54, hier S. 54. Vgl. hierzu auch Henrich 2023a (s. Anm. 1), S. 24–27.

Die Einführung des Computers vollzieht sich somit „im Schatten des Spektakels der Reartifizierung der Architektur“[13]. Der postmoderne Architekt, der mithilfe der „Methode des über Zeichnungen vermittelten Personenkults“ sich „als geniales Subjekt des Städtebaus“ inszeniere[14], ist gewissermaßen mit ganz anderen Dingen beschäftigt, als sich mit dem Computer zu befassen. Auf diese Weise, ist man in der *ARCH+* überzeugt, werde jedoch „kaum den Bedrängnissen der Gegenwart zu begegnen sein, die da heißen: Computer Aided Design, Computer Aided …“[15] Letztlich setzt sich die Einsicht durch, dass man sich dem Computer nicht länger verschließen kann: „Der Benutzer muß sich auf ‚ihn‘ einlassen […], will er brauchbare Leistungen aus ‚ihm‘ herausholen“[16].

So kommt es ab Mitte der 1980er Jahre verstärkt zur Auseinandersetzung mit dem Computer, was in einer Welle an Ratgeberliteratur als „‚Fremdenführer‘ durch den zunehmend undurchdringlicher werdenden Dschungel der Softwareanbieter auf dem Architektursektor“[17], aber auch im Messe- und Hochschulwesen und dem Architekturbetrieb selbst zum Ausdruck kommt.[18] Die „plötzliche Aktualität des Themas“ löst eine „offizielle Unruhe“ aus[19], sodass Ende 1985 in der *ARCH+* konstatiert wird: „Das Gebiet ‚Rechnergestütztes Zeichnen und Entwerfen‘ für Architekten erlebt zur Zeit eine stürmische Entwicklung.“[20] Auch von offizieller Seite heißt es: „Computer haben die Architektentätigkeit schon lange erreicht, aber in Deutschland bisher nur in Bereichen, die für den Architektenberuf nicht als wesentlich gelten. So herrscht (noch) die berühmte trügerische Ruhe.“[21] Doch scheine das Thema „beinahe ‚über Nacht‘ in Deutschland große Bedeutung

13 Gerd Neumann: CAD – Ein Einblick von draußen. In: ARCH+ 1984, 77, S. 65–67, hier S. 65.

14 O. V.: Berichte und Projekte. In: ebd., S. 4–9, hier S. 5.

15 Nikolaus Kuhnert: Die Immaterialien. In: ARCH+ 1985, 83, S. 24.

16 Neumann 1984 (s. Anm. 13), S. 67.

17 Kay Friedrichs: Die gegenstandslose Welt der Computeranimation [CAD-Journal 13]. In: ARCH+, 1988, Heft-Nr. 94 (April), S. 20–21, hier S. 21.

18 Vgl. z. B. das „CAD-Journal“ der ARCH+ von 78/1984 bis 129/130/1995; erste ACS Architektur Computer Systeme-Messe 30.11.–02.12.1984 in Wiesbaden; Dekanekonferenz Herbst 1983 in Oldenburg; BDA-Symposium „CAD: Architektur automatisch?“ 21.06.1985 in Hamburg (Publikation = Anm. 10).

19 Horst W. J. Rittel: Architekten und Computer. In: ARCH+, 1984, Heft-Nr. 78 (Dez.), S. 73–77, hier S. 73.

20 Eberhard Kernchen: Test: CAD-Systeme. In: ARCH+ 1985, 83, S. 37–40, hier S. 37.

21 Gernot Feldhusen: Einführung. In: Ehlers, Feldhusen, Steckeweh 1986 (s. Anm. 10), S. 74–75, hier S. 74.

gewonnen zu haben. Zur Zeit vermitteln zahllose Aufsätze, Bücher, Symposien, Ausstellungen, Messen diesen Eindruck. Viele, die sich diesem Phänomen heute nähern, empfinden diese Entwicklung als ‚Einbruch', ‚Revolution' oder ähnliches."[22] In den Zeitschriften äußert sich dies in ganz basalen Fragen und Themen, die ab 1984 regelmäßig erörtert werden: Aneignung der neuen technischen Begriffe, die mittels Glossare wie Vokabeln eingeübt werden; Orientierung über das aktuelle Angebot, was welches System leistet, wie viel es kostet und wann sich die Investition lohnt; Berichte über erste Praxiserfahrungen.

Im Vordergrund steht dabei jedoch weniger das Entwerfen selbst als vielmehr die Automatisierung des Zeichnens, also das Erstellen der Zeichnungen und Pläne nicht mehr von Hand mit Tuschestift, Reißschiene und Rasierklinge, sondern mithilfe des Computers: „CAD ist ein neues Werkzeug des Zeichners und des Ingenieurs. [...] Das Zeichenbrett ist durch den speziellen graphischen Bildschirm ersetzt, der neben Text auch Bilder darstellen kann."[23] Allerdings sind die technischen Mittel zumeist noch so unzulänglich und die geplotteten Strichzeichnungen so rudimentär, dass computererzeugte Ansichten und Perspektiven in aller Regel manuell ausgearbeitet werden. Gleichwohl steht schon 1985 fest: „Computer schlägt Handarbeit", und zwar nicht nur, was Präzision und Sauberkeit oder Routinearbeiten wie zeitaufwendiges Schraffieren betrifft, sondern vor allem Änderungen und Korrekturen. Denn beim computergestützten Zeichnen sei es nicht mehr nötig, „Pläne wegzuwerfen und wieder von vorne anzufangen. Man holt sich einfach die alte Zeichnung oder einen Teil davon auf den Bildschirm, baut die Änderung ein – und läßt die neue Zeichnung ausplotten"[24].

Gilt CAD also zunächst als „Entlastung nur nach dem Entwurf, kaum während des Entwurfs"[25], so wird schon sehr

22 Ders.: Zur Geschichte von Theorie und Praxis des CAD. In: ebd., S.93-103, hier S.93.

23 Jupp Gauchel, Krishan Mathis und Peter Raetz: Computer-Chinesisch für Anfänger. In: ARCH+ 1984, 77, S.26-36, hier S.28.

24 Fritz G. Schmidhäusler: CAD – Computer schlägt Handarbeit [CAD-Journal 4]. In: ARCH+, 1985, Heft-Nr.81 (Aug.), S.9.

25 Neumann 1984 (s.Anm.13), S.65.

bald sein Potenzial für die Organisation des gesamten Bauprozesses erkannt. Zwar wird Ende 1985 das computergestützte „Ändern von Plänen im Entwurfsstadium im Vergleich zu dem konventionellen Skizzieren als immer noch zu schwerfällig" beurteilt. Durch ihre „Verknüpfung mit dem Bauablauf" lassen sich jedoch „aus einem einzigen Werkplan z.B. Schalpläne, statische Positionspläne, Installationspläne bzw. Pläne anderer Geschosse entwickeln und automatisch vermaßen." Ebenso ist es möglich, „die durch die Zeichnungen gespeicherten Daten mit anderen Datenbanken zu verknüpfen und so Flächenberechnungen, Wärmeschutznachweis, Massenberechnung und Kostenkontrolle zu erleichtern". Somit scheint der „Sinn des CAD […] überhaupt nicht im technischen Zeichnen selbst zu liegen, sondern in der Informationsverarbeitung, die durch die automatische Speicherung der gezeichneten Informationen möglich wird."[26] Sein Einsatz dient also vor allem dazu, „den Planungsprozeß überschaubarer, widerspruchsfreier, vielleicht auch rationaler zu gestalten."[27] Hier artikuliert sich bereits ein Planungsansatz, wie er später beim digitalen „Building Information Modeling" (BIM) zum Tragen kommen wird.

Dabei gerät immer stärker auch das Potenzial des Computers für das architektonische Entwerfen in den Fokus und damit auch der Aspekt der Bildlichkeit der neuen digitalen Werkzeuge. Wie im ersten *Bauwelt*-Themenheft zum Computer im Oktober 1988 zu lesen ist, wird dieses Potenzial in der „Möglichkeit der 3-dimensionalen Visualisierung – von verschiedensten Blickpunkten aus"[28] gesehen, das heißt im Computer als Hilfsmittel für die „visualisierende Unterstützung auch in frühen Entwurfszuständen, um die entwerferischen Vorstellungen überprüfen zu können." Denn Arbeiten mit CAD bedeute eben „nicht nur, Striche aneinanderzufügen, sondern neben den 2D-Informationen ein digitales Gebäudemodell

26 Alle Zitate Schulitz 1985 (s. Anm. 12), S. 54 u. 51.

27 Kay Friedrichs, Günter Stöhr und Gregor Wessels: CAD-Anwendererfahrungen [CAD-Journal 10]. In: ARCH+, 1986, Heft-Nr. 87 (Nov.), S. 12-13, hier S. 12.

28 Wolfgang Wulfes und Richard Junge: Software für das Architekturbüro. In: BW 1988, 41, S. 1763-1765, hier S. 1764.

im Computer zu ‚bauen'."[29] 1985 wurde bereits in der *ARCH+* erläutert, dass ein solches 3D-Modell zwar „auch ohne Visualisierung" existiere, dass es jedoch „über eine bloße Zeichnung weit hinausgehende Möglichkeiten der Darstellung" biete, nämlich „sich quasi kontinuierlich durch die entworfenen Objekte zu bewegen."[30] Derartige Darstellungen seien „ein gutes Werkzeug, sie optimieren den Entwurf durch schnelles Durchspielen von Varianten."[31] Doch nicht nur das. Den Entwerfenden eröffnet sich vielmehr ein ganz neuer Gestaltungsansatz, indem der Computer „in dem nun rechnerintern vorliegenden, virtuellen räumlichen Modell verschiedene Operationen durchführen kann. Etwa Transformationen wie Bewegen, Rotieren und Kopieren" oder „Dehnen, Zoomen, Scheren, Verdrillen, Verjüngen, Biegen oder interaktives Verziehen." Auch könnten Körper „wie massive Materialblöcke" verstanden werden. Angesichts dieser neuen Möglichkeiten der digitalen Formgebung ist man sich bereits 1987 sicher, „daß hier, von den meisten Architekten unbeachtet, ein neues Werkzeug für den Entwurf dreidimensionaler Körper, für Grafik und Zeichnung heranreift. Eine Herausforderung, die auch die traditionelle Architekturerstellung in 5–10 Jahren umwälzen wird."[32]

Ende der 1980er Jahre kündigt sich in den Zeitschriften somit bereits auf konzeptueller Ebene an, was später mit den ikonischen „Blob"-Architekturen baulich umgesetzt wird. Diese Entwicklung wird jedoch von vornherein auch kritisch betrachtet. Spricht Lucien Kroll schon 1984 von der „Macht des Werkzeugs über das Produkt"[33], so prophezeit Ludger Hovestadt ein Jahr später:

„Ich befürchte jedoch, daß man, wenn man schon die jetzigen Fähigkeiten von Computern zur Grundlage nimmt, im allgemeinen bildlicher

29 Hartmut Potreck: CAD-Anwendung. In: ebd., S. 1769–1770 u. 1775, hier S. 1769.

30 Günter Stöhr und Gregor Wessels: [o.T.]. In: ARCH+ 1985, 83, S. 56–60, hier S. 58 u. 59.

31 Wolfgang Beck: Computer im Architekturbüro. In: BW, Jg. 79, 1988, Heft-Nr. 45 (25. Nov.), S. 1921 u. 1951, hier S. 1951.

32 Alle Zitate Kay Friedrichs, Günter Stöhr und Gregor Wessels: 3D-CAD mit Solid Modeling. Wenn die Entwürfe laufen lernen [CAD-Journal 12]. In: ARCH+, 1987, Heft-Nr. 89 (Mai), S. 12–13.

33 Lucien Kroll: EDV und Architektur. In: ARCH+ 1984, 77, S. 48–54, hier S. 52.

entwerfen wird. Struktur, Organisation u.a. können ja automatisch der viel leichter vermittelbaren und vordergründig faszinierenden Grafik folgen. Eine sanfte, bildliche Architektur, ohne gedankliche Probleme! Eine große Show, vielmehr noch als ohnehin schon!"[34]

Am weiteren Verlauf der Zeitschriftendiskussion lässt sich beobachten, wie – stark verkürzt gesagt – die Auseinandersetzung mit den digitalen Entwurfswerkzeugen im Lauf der 1990er Jahre schließlich in deren Beherrschung mündet und sich die Diskussion in der Folge auf einzelne Aspekte verlagert. Zentrale Etappen dieses Aneignungsprozesses spiegeln exemplarisch die Teaser der folgenden *Bauwelt*-Themenhefte zum Computer wider. So heißt es 1994 auf dem Cover von Heft 42 „CAD as CAD can" noch mit deutlich spürbarer Skepsis:

„Der Computer ist mehr als ein Spielzeug für Bastler und Programmierer. Aktiv und kritisch eingesetzt, kann das CAD-System als ‚dritte Hand' des Architekten neue Freiheiten im Entwurf eröffnen – wenn man sich mit den Regeln der Maschine auseinandersetzt, statt sich ihnen zu unterwerfen"[35]

Hingegen klingt es 1997 auf dem Cover von Heft 45 „Die neuen Werkzeuge" dann schon wesentlich abgeklärter mit Blick auf den zurückgelegten Lernprozess:

„‚CAD = Architektur automatisch?' war bis vor einigen Jahren die Befürchtung. Inzwischen weiß man: CAD und CNC können noch längst nicht alles, und der Grad der Digitalisierung im Bereich Architektur hinkt dem in anderen Disziplinen hinterher. Aber die neuen Werkzeuge bestechen durch Schnelligkeit und Präzision; Zeit- und Kostenersparnis ermöglichen Maßanfertigung zu Serienpreisen"[36]

34 Ludger Hovestadt: CAD im „Selbstbau". In: ARCH+ 1985, 83, S. 32-36, hier S. 36.
35 Covertext der BW, Jg. 85, 1994, Heft-Nr. 42 (4. Nov.).
36 Covertext der BW, Jg. 88, 1997, Heft-Nr. 45 (28. Nov.).

Was das digitale Bild als Darstellungsmedium betrifft, also die repräsentative bildliche Ausarbeitung des Entworfenen zu kommunikativen Zwecken jenseits des Entwurfsprozesses in Wettbewerb, Werbung oder Verkauf, so wird dies Mitte der 1980er Jahre in den Zeitschriften – wenn überhaupt – unter dem Aspekt der Visualisierungsqualität der digitalen Entwurfswerkzeuge diskutiert. So zeige sich die „zunächst verblüffende Darstellung von Perspektiven auf dem Bildschirm und nachher auf dem Plotter […] bei näherem Hinsehen doch als sehr dürftig“[37]. Generell seien diese „in ihrer Grafik zunächst sehr spröde; sie helfen aber sehr bei gestalterischen Entscheidungen“[38]. Umso mehr ist das Publikum beeindruckt von den digitalen Bildbeispielen US-amerikanischer „Superstars, die unbehelligt von Finanzengpässen und über High-Tech-Equipment und Rechenzeit in Hülle und Fülle mit blendenden Ergebnissen auf der Ebene der Zeichenerstellung und Visualisierung aufwarten“[39].

Etwas „besonders Ärgerliches“ angesichts solcher Demonstrationen des Möglichen für die digitale Architekturdarstellung sei daher „die verpaßte Gelegenheit, die aktuell spannenden Entwicklungen auf dem Gebiet der Computeranimation auf die existierenden CAD-Systeme aufzusetzen“, wie es 1987 in der *ARCH+* heißt. Stattdessen werde in der Praxis, wie schon angedeutet, zumeist „ein perspektivisches, ‚primitives‘ Drahtmodell des Gebäudes geplottet, anschließend aber von Hand auf Transparentpapier übertragen und überarbeitet, um es dem Bauherrn (in der Regel einem Laien) überhaupt verständlich machen und schmuck präsentieren zu können.“[40]

Tatsächlich sind digital erstellte Entwurfsvisualisierungen, bei denen es sich nicht um Zeichnungen handelt, sondern um

37 Rüdiger Kramm: Erfahrungen aus dem Alltag. In: ARCH+ 1984, 77, S. 40–43. Siehe Katalog 2023 (s. Anm. 1), Bild 4.
38 Dieter Patschan: CAD – Erste Erfahrungen. In: BW 1988, 41, S. 1775–1776, hier S. 1776.
39 Kay Friedrichs und Gregor Wessels: CAD Futures 1985 in Delft [CAD-Journal 5]. In: ARCH+, 1985, Heft-Nr. 82 (Okt.), S. 9.
40 Alle Zitate Friedrichs, Stöhr, Wessels 1987 (s. Anm. 32), S. 12.

richtige Bilder – sogenannte Renderings –, zu dieser Zeit die absolute Ausnahme in den Zeitschriften. Das erste Rendering, das in beiden Zeitschriften überhaupt publiziert wird, erscheint im August 1985 in der *Bauwelt* 29 zu „Design in Deutschland" und zeigt gar keine Architektur, sondern einen Würfelbecher. Das erste Rendering in der *ARCH+* stammt aus ihrem zweiten Themenheft zum Computer im Dezember 1985 und illustriert ein im Büro Lucien Kroll entwickeltes CAD-Programm.[41] Das erste regulär angewandte, nicht Demonstrationszwecken dienende digitale Architekturbild erscheint in der *ARCH+* erst im November 1988, in der *Bauwelt* im Mai 1990.[42]

Noch weniger als der Computer ist in den 1980er Jahren also das digitale Bild als Darstellungsmedium in der Architekturpraxis in Deutschland im Gebrauch. Im Wettbewerbsteil der *Bauwelt* erlangen Renderings erst ab Mitte der 1990er Jahre eine gewisse Präsenz.[43] Das vorherrschende Bildmedium der Entwurfsdarstellung ist bis in die 2000er Jahre hinein die Modellfotografie. Die digitalen Visualisierungstechniken sind für das Gros der Architekturbüros weder erschwinglich noch praktikabel genug, als dass sie bereits in größerem Umfang zur Anwendung kämen. Gleichwohl sind sie bekannt und ihre Entwicklung wird aufmerksam verfolgt. Von ihnen geht eine Faszination aus, der sich kaum entziehen lässt.

In den Zeitschriften werden diese Techniken erstmals im Januar 1987 in der *Bauwelt* 1/2 „Blicke und Bilder", dem ersten der drei einzigen Themenhefte zu Architekturdarstellung zwischen 1980 und 2020, zur Sprache gebracht. Hier fällt denn auch zum ersten Mal das schillernde Schlagwort „fotorealistisch"[44] zur Bezeichnung von „vollkommen synthetischen, absolut naturalistisch wirkenden Computerbildern, die jeder Nichteingeweihte als Fotografien betrachten würde"[45], das bereits jenen Nimbus der vermeintlich täuschend echten Wirklichkeits-

41 BW, Jg. 76, 1985, Heft-Nr. 29 (2. Aug.), S. 1163; ARCH+ 1985, 83, S. 28. Siehe Katalog 2023 (s. Anm. 1), Bild 5 u. 6a.
42 ARCH+, 1988, Heft-Nr. 96/97 (Nov./Dez.), S. 53; BW, Jg. 81, 1990, Heft-Nr. 17 (4. Mai), S. 867. Siehe Katalog 2023 (s. Anm. 1), Bild 10 u. 14.
43 Siehe Abb. 10.
44 Bernd Willim: Computer Grafik und visuelle Planung. In: BW, Jg. 78, 1987, Heft-Nr. 1/2 (9. Jan.), S. 38-41, hier S. 39.
45 Joachim Schmid: Es kommt der elektronische Fotograf. In: ebd., S. 35-37, hier S. 35.

wiedergabe trägt, der dem fotorealistischen Rendering von Anbeginn anhaftet. Auch findet sich hier bereits das Argument der Anschaulichkeit solcher Bilder gegenüber abstrakten Darstellungsmethoden, das auch heute noch zu vernehmen ist. So seien CAD-Modelle „für das Vorstellungsvermögen eines Architekten ausreichend. Er ist durch den Umgang mit Bauplänen und Konstruktionszeichnungen trainiert, sich eine Vorstellung von einem Objekt zu machen. Selten dagegen der Bauherr. Für ihn benötigt man Details und eine flächige farbige Darstellung."[46] Den tatsächlichen Status quo der digitalen Entwurfsvisualisierung fasst Mathias Hirche vom Zentrum für Modellsimulation der TU Berlin dagegen folgendermaßen zusammen:

„Die CAD-Systeme für Architekten sind bisher für räumliche Darstellungen nur bedingt geeignet. Ihr Schwerpunkt liegt bei zweidimensionalen Plandarstellungen […] Die Zeichnungen kommen meist über Strichzeichnungen nicht hinaus, und eingefärbte Flächen sind die große Ausnahme. Nur sehr aufwendige und teure Programme sind bei perspektivischen Darstellungen in der Lage, zwischen sichtbaren und unsichtbaren Linien zu unterscheiden. Anders ist dies bei Programmen für Grafiker und Layouter. Das ‚Rechnergestützte Bildcomposing' macht vieles möglich, wovon die Architektur-CAD-Anwender nur träumen. Bewegte farbige Flächengrafik auch für unebene Flächen ist möglich. Diese Programme kennen dafür aber keine spezifischen Architekturanwendungen, somit ist die farbige Perspektive als Abfallprodukt des CAD für Architekten noch nicht leicht erreichbar."[47]

Spätestens hier zeigt sich in aller Deutlichkeit, dass zum einen das Visualisieren mit dem Computer etwas ist, das genauso wie das CAD von außen an die Architektur herantritt, doch aus einer anderen Richtung, nämlich dem Bereich der Computergrafik, und dass zum anderen die technologische Entwick-

46 Willim 1987 (s. Anm. 44), S. 40. Vgl. hierzu auch Hubert Locher: Bilder für den Konsum. Botschaft und Rhetorik des digitalen Architekturbildes. In: Katalog 2023 (s. Anm. 1), S. 140–151; Florian Henrich: Das Analoge im Digitalen. Entwurfsvisualisierung zwischen Partizipation und Fotorealismus. In: Tobias Becker, Teresa Fankhänel, Dennis Jelonnek und Sarine Waltenspül (Hg.): Lens On. Fotografieren in architektonischen Entwurfsprozessen der Moderne, Berlin 2023, S. 13–26.

47 Mathias P. Hirche: Technische Architekturdarstellung. In: BW 1987, 1/2, S. 46–51, hier S. 51.

lung der digitalen Entwurfs- und Visualisierungswerkzeuge ursprünglich separat und mit zeitlichem Versatz verlief. CAD ist in erster Linie ein Zeichen- und Konstruktionsmittel und kein Mittel für die repräsentative bildliche Darstellung. Die traditionelle Zweigeteiltheit von Entwerfen und Visualisieren setzt sich somit auch auf der Ebene des Computers strukturell fort. Beides stellt zwei unabhängige Stränge in der Digitalisierung der architektonischen Arbeitsmittel dar, die in zwei aufeinanderfolgenden Schritten in die Praxis eintreten und sich erst im weiteren Verlauf verbinden.

So wird auch Anfang der 1990er Jahre in den Zeitschriften hinsichtlich der Anwendung des Computers für die Visualisierung noch „festgestellt, daß der Architekt sich bestenfalls einen Vormittag lang pro Jahr mit ‚Bildchenmalen' befaßt."[48] Stattdessen sei es „immer noch üblich, daß man dem Gerät ausschließlich den Baukörper überläßt, während das Drumherum von schwerblütigen Zeichnern mit dem üblichen Gemüse, den Männlein und dem rassigen Sportwagen ‚frei Hand' aufgemotzt wird."[49] Hinzu kommt das Problem der technischen Reproduzierbarkeit des digitalen Bildes, es also für den Print aus dem Computer gleichsam herauszuholen, sodass noch bis in die 1990er Jahre der Rat gilt: „‚Am besten nehmen Sie eine gute Kamera und ein Stativ und fotografieren es vom Bildschirm ab.'"[50] Allein schon ihrer Seltenheit wegen faszinieren daher Renderings, „die zusätzlich zur Oberfläche auch noch Licht bzw. Schatten und Spiegelungen berücksichtigen", was umso aufwendiger ist, „wenn natürliche Objekte, z.B. Menschen oder Bäume, die technischen Gegenstände mit Leben versehen sollen." Alternativ wird daher mit CAD versucht, „durch starke perspektivische Verzerrungen mehr Spannung in die Zeichnung zu bekommen", um die „Primitivität der abstrahierten Darstellung auszugleichen"[51].

48 Joachim Langner: Architekt und Computer. In: BW, Jg. 81, 1990, Heft-Nr. 2/3 (19. Jan.), S. 116–119, hier S. 117.

49 Ders.: ACS-Messesplitter. In: BW, Jg. 80, 1989, Heft-Nr. 9 (24. Feb.), S. 332–334, hier S. 334.

50 Langner 1990 (s. Anm. 48), S. 118.

51 Jens Guthoff: Architekturgrafik mit CAD. In: ARCH+, 1990, Heft-Nr. 102 (Jan.), S. 89.

Zugleich beginnen noch in den 1980er Jahren manche Fakultäten und Büros, im Kontext der endoskopischen Modellsimulation mit analog-digitalen „‚Misch-Techniken‘, d.h. dem Überlagern von Photo- oder Videoaufnahmen mit Computermodellen“[52] zu experimentieren und damit die Schwelle ins hybride Zeitalter der ‚Mixed Media‘, der sukzessiven Anreicherung der analogen Darstellungsverfahren mit digitalen Bildelementen, zu überschreiten. Das gilt besonders für das Prinzip der Fotomontage, also die „Montage der vom Rechner erstellten Abbildung eines Gebäudes in ein Photo der Bausituation, das zuvor in den Rechner eingelesen wurde.“ Dadurch sei es möglich, „mehr Atmosphäre in eine formalisierte Darstellung zu bringen“ als mit rein digital generierten Bildern, die „das Atmosphärische einer Situation […] selten erkennen“ lassen.[53] Mit der Einführung von Photoshop, das erstmals 1992 in der *ARCH+* erwähnt wird[54], verlagert sich das Prinzip der Fotomontage schließlich vollends in den digitalen Raum von Bildbearbeitungsprogrammen. Ab dem Beginn der 1990er Jahre flimmert es auf den Röhrenmonitoren „nicht mehr grün oder orange wie früher, sondern flächig vierfarbig“[55], und es wird erwartet, dass die „kommenden Entwicklungen in der Computergraphik […] in die Richtung der Produktion von photorealistischen Abbildungen gehen, mit verbesserter Hardwareimplementierung für ray-tracing und radiosity visualisation.“[56]

Sind derartige Bilder ab Mitte der 1990er Jahre tatsächlich häufiger in den Zeitschriften anzutreffen, wenn auch in geringer Zahl, so schlägt sich ihre Ausbreitung auf diskursiver Ebene nur indirekt und sporadisch nieder. 1994 wähnt man sich etwa in der *Bauwelt* bereits in „einer Zeit überflüssiger Architektur-Schaubilder in allen Variationen“, sodass infolge des Computers der „Weg der anonymen Architektur-Bildermaschine vorprogrammiert und unumkehrbar“ scheine.[57] Des-

52 Friedrichs 1988 (s. Anm. 17), S. 20. Vgl. hierzu auch Henrich 2023b (s. Anm. 46).

53 Guthoff 1990 (s. Anm. 51).

54 O.V.: Software [ARCH+ Baumarkt]. In: ARCH+, 1992, Heft-Nr. 112 (Juni), S. 92.

55 Joachim Langner: Architekten Computer auf den Spuren der Salier. In: BW, Jg. 82, 1991, Heft-Nr. 10 (8. März), S. 456–457, hier S. 457.

56 David Wakefield: Tensyl – Ein interaktives Grafik-CAD-System für Entwurf und Zuschnitt leichter Flächentragwerke. In: ARCH+, 1991, Heft-Nr. 107 (März), S. 79–81, hier S. 81.

57 SR: [Editorial]. In: BW, Jg. 85, 1994, Heft-Nr. 20 (20. Mai), S. 1073.

gleichen konstatiert das zweite *Bauwelt*-Heft zum Computer im November desselben Jahres die „Richtung einer fast exzessiven Nutzung der darstellungstechnischen Möglichkeiten". Gleichwohl würden Computerbilder „häufig noch von externen Dienstleistern erbracht – die wenigsten Architekturbüros haben die technische Kapazität und das dazu nötige Wissen ‚im Hause'."[58] Im Widerspruch dazu stehen jedoch die Aussagen aus der Architekturpraxis im Heft selbst. Wie hier zu lesen ist, werde in den „Architekturzeitschriften [...] der 3D-Animation viel mehr Raum gegeben, als ihrer tatsächlichen Bedeutung im Alltag des Architekten entspricht"[59]. So entstehe der Eindruck, diese „getunten Bilder"[60] seien „mittlerweile selbstverständlicher Bestandteil der täglichen Arbeit." Gegenüber solchen spekulativen Annahmen wird klar unterschieden zwischen dem digitalen Bild als „Entwurfshilfsmittel zur Überprüfung räumlicher Zusammenhänge und zur Präsentation", zwischen intern produzierten „‚Arbeitsperspektiven'" und „properen 3D-Präsentationszeichnungen mit aufwendigem Rendering" durch „Aufarbeitung einfacher Drahtmodelle", bei denen es „völlig normal" sei, sie „von ‚Externen' anfertigen zu lassen."[61]

Ab Beginn der zweiten Hälfte der 1990er Jahre sind Aussagen wie diese aus den Zeitschriften weitgehend verschwunden. Wie Ende 1995 in der *ARCH+* zu lesen ist, habe der „Markt für Architektur-CAD-Systeme [...] vielfach den Reiz des Neuen verloren und zeigt sich in den letzten Jahren relativ stabil." Inzwischen böten die meisten CAD-Systeme „Renderingfunktionen für die Entwurfspräsentation"[62]. Die technische Verschränkung beider Bereiche über die digitalen Werkzeuge ist zu diesem Zeitpunkt also schon weit fortgeschritten. Visualisieren mit dem Computer erweist sich in den Zeitschriften somit durchaus als ein ‚heißes' Thema, das jedoch vor allem in technischer Hinsicht interessant ist und nur für

58 -tze: [Editorial]. In: BW 1994, 42, S. 2313.
59 Johannes Dell: Im CAD-Zirkel. In: ebd., S. 2346–2353, hier S. 2349.
60 Hermann Niederbracht: Über Ziegel, Bits und andere Bausteine. CAD und Architekten – Plädoyer für eine wilde Ehe. In: ebd., S. 2338–2345, hier S. 2338.
61 Alle Zitate Dell 1994 (s. Anm. 59), S. 2346, 2352, 2349 u. 2346.
62 Florian Böhm: ACS'95 [CAD-Journal 22]. In: ARCH+, 1995, Heft-Nr. 129/130 (Dez.), S. 14–15.

kurze Zeit intensiv behandelt wird. Mit der Konsolidierung des ersten Digitalisierungsschubs kühlt es sich ab und gerät aus dem Blick. Die zentrale diskursive Phase des digitalen Architekturbildes kann demnach recht präzise auf den Zeitraum vom Ende der 1980er bis zur Mitte der 1990er Jahre datiert werden. Bezeichnenderweise werden dabei weder die ästhetischen Qualitäten des digitalen Bildes als Darstellungsmedium für den Architekturentwurf noch seine bildgestalterischen Mittel und Möglichkeiten diskutiert.

Eine solche Diskussion findet auch danach in den Zeitschriften nicht statt. Vielmehr ist 1995 eine erste deutliche Kritik an den Folgen der fotorealistischen Renderings für das Entwerfen zu vernehmen. So ist in Heft 128 der *ARCH+* von der „Aufwertung eines neuen Realismus“ die Rede, der in der Architektur „an den Techniken der ‚Visualisierung‘“ in Erscheinung trete. Deren „Fähigkeit zur nahtlosen Wiedergabe des Realen“ ignoriere allerdings, „was traditionell der architektonischen Darstellung ihre ungeheure Konzeptualisierungskraft verlieh – nämlich den notwendigen Grad an Abstraktion, die Distanz zwischen dem Ding und seiner Darstellung.“[63] Damit steht das zentrale Gegenargument zur postulierten Laienverständlichkeit fotorealistischer Darstellungen im Raum, das ebenfalls auch heute noch immer wieder zu hören ist.

Zeitgleich mit dem Auftreten der ersten „Renderverbote“, der ausdrücklichen Ablehnung fotorealistischer Renderings in Architekturwettbewerben zur Erhöhung der Vergleichbarkeit und „Chancengleichheit“, über die die *Bauwelt* erstmals 2010 berichtet[64], tritt in den Zeitschriften auch die Kritik an der gängigen digitalen Architekturbildpraxis auf teils drastische Weise hervor. Im Fokus steht dabei sowohl die quantitative als auch die qualitative Dimension. So seien Architekturmagazine laut Dietmar Steiner bis Ende der 1980er Jahre „schwarz-

63 Alle Zitate Stan Allen: Endgeschwindigkeiten: Der Computer im Entwurfs-Studio. In: ARCH+, 1995, Heft-Nr. 128 (Sept.), S. 58–62, hier S. 59.

64 Herbert Kiefer: Renderverbot. Wie man im Saarland die Chancengleichheit bei Wettbewerben erhöhen will. In: BW, Jg. 101, 2010, Heft-Nr. 11 (12. März), S. 12–13.

weiße Bleiwüsten mit vielen Plänen“ gewesen, bis „die Bilder […] auf einmal die totale Herrschaft über die Architekturpublizistik errangen.“ Heute tummelten sich im Internet „jede Menge Architektur-Pornos, mit einer unübersehbaren Menge geiler Bilder und Null-Information“[65]. Ebenso richtet sich die Kritik auf den inzwischen etablierten Bildgestaltungsstandard, über den es 2013 in der *Bauwelt* heißt:

„Die meisten Architekturdarstellungen unserer Zeit sind so eigentümlich genormt und seelenlos wie Architekturtexte. Was bei den Texten die immerfort ‚fließenden' und ‚lichtdurchfluteten' Räume, die zum ‚Verweilen einladen', sind bei den Darstellungen die ewig gleichen Computerrenderings, mit mehr oder weniger dramatischer Lichtstimmung und freigestellten Fotos glücklicher Durchschnittsmenschen im Vordergrund […].“[66]

Dabei kann zudem die interessante Beobachtung gemacht werden, wie bestimmte Bildelemente aus dem Bereich der Staffage wandern. So wandelt sich der Besucher einer internationalen Gartenschau zum Kirchgänger mit Gesangbuch statt Katalog in der Hand; das junge Touristenpärchen macht Selfies sowohl in Regensburg als auch in Melbourne; die in die Ferne schauende Person mit roter Mütze ist gleich drei Mal zu entdecken (Abb. 5). Die Bildpraxis des Analogzeitalters mit ihren Vorlagenbüchern zum Ausschneiden, Kleben und Kopieren[67] findet hier ihre digitale Fortsetzung.

Der Anzeigenteil der Bauwelt als statistische Quelle

Ein weiterer Vorteil von Zeitschriften und speziell der *Bauwelt* ist, dass sie als „der größte Anbieter von Fachinformationen der

65 Dietmar Steiner: Wie die Bauwelt jetzt ist…. In: BW, Jg. 101, 2010, Heft-Nr. 1/2 (8. Jan.), S. 8–9, hier S. 9.

66 BS: Vor dem Rendering. So schön kann Architekturdarstellung sein! In: BW, Jg. 104, 2013, Heft-Nr. 22 (7. Juni), S. 3.

67 Vgl. z. B. Larry Evans: Bildvorlagen-Atlas für Architekten, Grafiker und Illustratoren, Wiesbaden 1987.

Baubranche im deutschsprachigen Raum“[68] mit ihrem Anzeigenteil neben Text und Bild eine dritte Informationsquelle enthält, die zumeist überblättert wird, mit der sich aber die hier gemachten Beobachtungen statistisch fundieren lassen. Wie schon angedeutet, erweist sich die Relevanz von Anzeigen bereits daran, dass sie die ersten Indizien auf den Computer überhaupt in den Zeitschriften sind. In ihnen schlägt sich die Praxis unmittelbarer nieder als auf diskursiver Ebene. Im Anzeigenteil der *Bauwelt* werden sowohl Stellengesuche und -angebote im Baubereich als auch Werbeanzeigen für externe

Abb. 5, Das Wandern der Staffage.
Oben: ARCH+ 2010, 198/199, S. 143 → Bauwelt 2011, 32, S. 13;
Mitte: Bauwelt 2013, 21, S. 14 → 33, S. 9;
unten: Bauwelt 2017, 24, S. 28 → 2018, 7, S. 15 → 22, S. 15

68 Bauwelt.de, https://stellenmarkt.bauwelt.de/ [Stand: 01/2024].

Dienstleistungen publiziert, die Aufschluss über den Digitalisierungsprozess in Entwurf und Visualisierung geben und sich sowohl quantitativ als auch qualitativ auswerten lassen. Dabei treten signifikante Parallelen zwischen dem Text- und Bild- und dem Anzeigengeschehen hervor.

Auch an den Stellenanzeigen wird deutlich, dass der Computer zunächst unter dem Begriff „EDV“ und nicht „CAD“ in die Praxis einzieht. Während „EDV“ bereits 1980 – wenn auch nur äußerst selten – in den Ausschreibungen auftaucht, ist ein Anstieg von „CAD“ erst ab 1989 zu erkennen. Dieser ist allerdings sprunghaft und nimmt kontinuierlich zu, während „EDV“ zeitgleich stagniert und schließlich abnimmt (Abb. 6). Die begriffliche Häufung von „CAD“ ist gleichbedeutend mit einem sprunghaften Anstieg der Stellenangebote, die explizit nach Computerkenntnissen fragen. CAD beginnt sich demzufolge ab Ende der 1980er Jahre als Faktor der beruflichen Qualifikation im Architekturbereich zu installieren. Es wird somit eine Latenz von etwa fünf Jahren zwischen der Diskussion des Computers in den Zeitschriften und seiner Ausbreitung in der Praxis auf breiter Linie deutlich. Wenn dabei ein Architekt gesucht wird, „der bereit ist, unser neues EDV-System mit aufzubauen“, oder eine „CAD-Fachfrau mit fundierten Kenntnissen“ sich anbietet, falls „CAD-Systeme […] bei Ihnen dem-

Abb. 6, „EDV“ (blau) und „CAD“ (rot) in Stellenausschreibungen 1980–1993 (kumuliert)

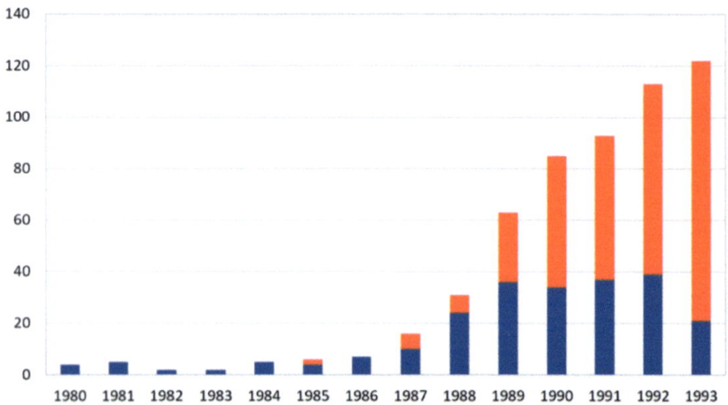

nächst eingeführt" werden[69], spiegelt dies zum einen den Pioniercharakter dieser ‚heißen' Phase der Computerisierung der Architekturpraxis wider, zum anderen den Umstand, dass dies eine Angelegenheit von Expertinnen und Experten ist.

Besonders spannend ist es zu verfolgen, wie sich die normativen Formulierungen in den Stellenausschreibungen im Lauf weniger Jahre ändern. Ist „CAD-Erfahrung" oder auch nur die „Bereitschaft zum Arbeiten mit CAD" zunächst „erwünscht, aber nicht Bedingung", so sind CAD-Kenntnisse wenig später bereits „erwünscht", schließlich „erforderlich" und „Voraussetzung" (Abb. 7). Ihr Status wechselt von einer fakultativen Option und einem Alleinstellungsmerkmal zu einer selbstverständlichen Einstellungsvoraussetzung, die sich fortan als Standardanforderung in den Stellenanzeigen etabliert. Dieser Wechsel findet etwa zwischen 1993 und 1997 statt und fällt damit genau in jenen Zeitraum, in dem man sich in den Zeitschriften die neuen digitalen Werkzeuge diskursiv angeeignet hat. Aus Sicht der Anzeigen sind es also erst die 1990er Jahre, in denen sich der Computer als Entwurfsmittel auf breiter Ebene in der Architekturpraxis in Deutschland etabliert.

Noch aufschlussreicher ist der Anzeigenteil für die Digitalisierung des Visualisierens. Hier wird zunächst ersichtlich, dass zu Beginn des betrachteten Zeitraums ein breites Angebot externer analoger Visualisierungsdienstleistungen besteht. 1980/81 sind „Architektur-Perspektiven [...] von Künstlerhand" in „Blei, Feder, Aquarell" ebenso erhältlich wie „Endoskopische Modelluntersuchungen" auf „Foto, Video, 16 mm Film".[70] Im Lauf der 1990er Jahre lässt sich nun beobachten, wie dieses Angebot zunehmend digital wird (Abb. 8). Dies ist erstmals im April 1990 der Fall, als in einer Anzeige neben Zeichnungen auch „Computervisualisierung von Einzelbildern bis Kamerafahrten; von Liniendarstellung bis Fotorealismus"

69 BW, Jg. 76, 1985: Heft-Nr. 25 (5. Juli), S. 1032 u. Heft-Nr. 27 (19. Juli), S. 1105.

70 BW: Jg. 71, 1980, Heft-Nr. 36 (26. Sept.), S. 339 u. Jg. 72, 1981, Heft-Nr. 1/2 (9. Jan.), o. P.

und „Einbindung in Realszenen; Präsentation auf Video mit Möglichkeit von Einzelbildausdruck“ angeboten werden.[71] In der zweiten 1990er-Hälfte und besonders mit Beginn der 2000er Jahre steigt das externe digitale Visualisierungsangebot deutlich an. Danach sind derartige Angebote aus dem Anzeigenteil wieder völlig verschwunden (Abb. 9).

Stattdessen ist gut fünf Jahre später zu beobachten, wie sich digitales Visualisieren ab der zweiten Hälfte der 2000er Jahre von externen Angeboten in die Stellenausschreibungen und damit in die Architekturbüros verlagert. Zwar tritt dieser Prozess im Anzeigenteil nicht in der Deutlichkeit hervor wie der Einzug des CAD. Dafür setzt er schlagartig in den Jahren 2006/2007 ein und vollzieht sich in geraffter Weise (Abb. 9). So werden „grafische Darstellungsfähigkeiten“ und Kenntnisse in der „Visualisierung“ sofort „erwartet“ und sind unmittelbar „Voraussetzung“. Dabei werden häufig die im Büro gebräuchlichen Computerprogramme sowie immer wieder Photoshop genannt. Auch wird gezielt nach einem oder einer „Visualisierer/in“ gesucht. Bereits zum Ende der 2000er Jahre nehmen solche Formulierungen in den Anzeigen wieder deutlich ab. Auch digitales Visualisieren ist somit zu etwas Selbstverständlichem geworden, das vorausgesetzt werden kann und nicht mehr extra erwähnt zu werden braucht. Ab 2014 wird Visualisieren in den Stellenausschreibungen nicht mehr explizit thematisiert. Dort heißt es nur noch pauschal: „Den professionellen Umgang mit AutoCAD und

Wir planen Altenheime, Kinderheime, Schulen und Sportbauten. Zur Verstärkung unseres Büros suchen wir

Architekten (TH / FH)

für Entwurf, Ausführungs- und Detailplanung.

CAD-Kenntnisse sind erwünscht, aber nicht Bedingung.

Bewerbungen richten Sie bitte an:

Architekt VFA Arnhard Orend
Glockengasse 2 a, 5000 Köln 1

ARCHITEKT/IN

gesucht für Entwurf und Ausführungsplanung, am Standort Potsdam und in Witten. CAD-Kenntnisse erwünscht.

Meißner u. Fortmann-Drühe, Dipl.-Ing. Architekten BDA,
Schloßstraße 12, 14467 Potsdam, 03 31/2 80 07 28
Friedrich-Ebert-Straße 58, 58453 Witten, 0 23 02/6 84 38

Jungere(r)

Architektin/Architekt

mit mehrjähriger Berufserfahrung gesucht, Projektleitungsqualifikation, CAD-Erfahrung Voraussetzung.

Bewerbungen schriftlich mit Arbeitsproben erbeten.

Beisert · Wilkens · Grossmann-Hensel
APB. Architekten BDA
Witthof 23, 22305 Hamburg, Tel. 040/ 29 80 2-0

Abb. 7, Etablierung von CAD als Standardanforderung in den Stellenausschreibungen: 1993, 1995, 1997

71 BW, Jg. 81, 1990, Heft-Nr. 14 (13. April), S. 734. Siehe Abb. 8 oben.

den gängigen digitalen sowie analogen Arbeitsmitteln setzen wir voraus."[72]

Nach dem CAD erlangt in der zweiten Hälfte der 2000er Jahre somit auch das Visualisieren und die Beherrschung von Grafikprogrammen den Status einer beruflichen Kompetenz, die sich in den Stellenausschreibungen als Standardanforderung etabliert. Noch beeindruckender als beim CAD ist hier die Plötzlichkeit und Geschwindigkeit, mit der sich dieser Prozess vollzieht, der sich im Spiegel der Stellenanzeigen fast wie ein punktuelles Ereignis darstellt. Zusätzliche Evidenz erhalten diese statistischen Befunde durch ihre zeitliche Übereinstimmung mit dem Einzug des digitalen Architekturbildes in die *Bauwelt*, der zum Teil so synchron verläuft, dass ein kausaler Zusammenhang wahrscheinlich ist (Abb. 10).

Vom Anzeigenteil aus betrachtet, vollzieht sich der Wandel von der analogen zur digitalen Entwurfsdarstellung somit schubweise in zwei Wellen von außen nach innen: Nach der Digitalisierung des externen Visualisierungsangebots geht digitales Visualisieren als erforderliche Kompetenz in die Praxis der Architekturbüros über.

Abb. 8, Digitalisierung des externen Visualisierungsangebots in den Anzeigen: 1990, 1994, 2000

72 BW, Jg. 105, 2014, Heft-Nr. 37 (3. Okt.), S. [40].

Aus Sicht des *Bauwelt*-Anzeigenteils vollzieht sich die Einführung, Durchsetzung und Etablierung des Computers in der Architekturpraxis in Deutschland also in zwei aufeinanderfolgenden Schüben in einem Zeitraum von gut 20 Jahren. Nach ersten Anwendungen der elektronischen Datenverarbeitung setzt sie Ende der 1980er Jahre auf breiter Linie mit der Digitalisierung des Entwerfens ein und findet Ende der 2000er Jahre mit der Digitalisierung des Visualisierens ihren Abschluss.

Abb. 9, Externe digitale Visualisierungsangebote (blau) und Stellenausschreibungen mit Visualisierung als Anforderung (rot) 1990–2014

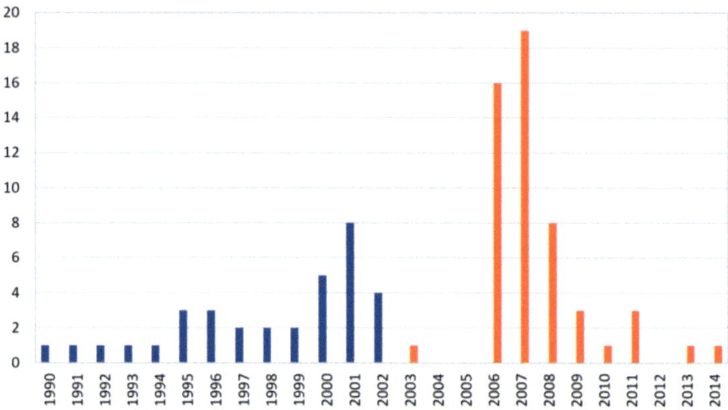

Abb. 10, Der quantitative Verlauf des digitalen Bildes in der Bauwelt 1980–2020

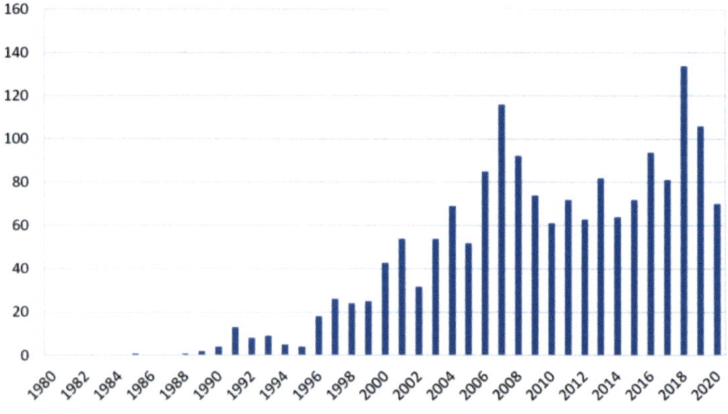

Dominik Lengyel, Catherine Toulouse

Digital Natives – Plädoyer für eine strukturierte Lehre der Visualisierung in der Architektur

Eine neue Sprache

Visualisieren mithilfe des Computers erscheint – zumal mit dem Aufkommen der Bildgeneratoren, die aus Texteingaben Bilder erzeugen – zunehmend trivial. Tatsächlich aber verhält es sich wie mit jedem anderen Werkzeug und Medium auch, der Urheber entscheidet über das Werk. Einen Pinsel halten zu können, macht noch keinen Maler, einen Stift halten zu können, noch keinen Dichter, und die diversen Eingabemöglichkeiten wie Maus, Stift und zunehmend die Tastatur bedienen zu können, noch keine Visualisierungen. Wie in jeder anderen Disziplin entsteht Kompetenz in der Visualisierung durch Erfahrung, Übung und – darum soll es im Folgenden gehen – durch eine strukturierte Einführung. Weil den Computer nach wie vor eine Aura umgibt, die von technisch-mathematischer Unkenntnis geprägt ist, sind Zuschreibungen und Bewertung häufig mythologischen Bildern ähnlich. Die aktuelle Debatte um die künstliche Intelligenz zeigt dies besonders eindrucksvoll; in einer deutlich größeren Zeitspanne weist die wechselhafte Wertigkeit des Begriffs Digitalität in dieselbe Richtung. Dieses Plädoyer will die Notwendigkeit einer strukturierten Lehre der Visualisierung innerhalb dieses thematischen Kontextes darstellen.

Publiziert in: Locher et al. (Hg.), Rendering/Visualisierung (Begriffe des digitalen Bildes, 5), München 2024, S. 55-73. DOI: https://doi.org/10.5282/ubm/epub.109219

Die Bedeutung der Visualisierung in der Architektur

Architektur ist mehr als Bauen, Architektur ist Raumgestaltung. Und weil die Wahrnehmung von Raum in erster Linie visuell erfolgt, ist Architektur vor allem auch visuelle Gestaltung. Der mit der visuellen Gestaltung unmittelbar verbundene Begriff der Visualisierung umschreibt alles Visuelle in der Kommunikation von Architektur ausgehend von der Wiedergabe geplanter Architektur im Entwurf über gebaute Architektur in der Dokumentation bis zur hypothetischen Wiedergabe verlorener Architektur in Archäologie, historischer Bauforschung und Kunstgeschichte. Das Entwickeln von Konzepten der Visualisierung bedeutet, dass aus einem fundierten räumlichen Verständnis heraus präzise und eigenständige geometrische Formen entworfen werden, die fallabhängig in einer Spannbreite von konkret bis metaphorisch Architektur darstellen. Eine der großen Herausforderungen der Visualisierung besteht darin, dem tatsächlichen Begehen der realisierten Architektur in der physischen Realität insofern so nah wie möglich zu kommen, als eine adäquate Beurteilung des Raumes möglich ist. Beim Begehen in der physischen Realität ist es die Bewegung durch den Raum, die das mentale Modell in der Vorstellungskraft konstituiert. Diese Konstitution beginnt schon in der Phase der Annäherung, und spätestens beim Betreten des eigentlichen Raumes hat die Wahrnehmung bereits eine solche Fülle von Sinneseindrücken aufgenommen, allein visuell aus den Bewegungen des Körpers, des Kopfes sowie der Augen, dass ein Standbild dies nur sehr eingeschränkt kompensieren kann. Geschickt komponiert, kann aber eine Visualisierung sich gleichfalls auf die Sehtradition von Gemälden und Fotografien berufen und hierdurch trotz der fehlenden Bewegung relevante Raumeindrücke erzeugen. Das aber ist mitnichten trivial, und dies zu erreichen, ist das Ziel der strukturierten Lehre der Visualisierung.

Räumliches Denken als Grundlage

Grundlage für jede Form der architektonischen Visualisierung ist das räumliche Denken, das für Ausprägung wie für Festigung frühzeitig und kontinuierlich entwickelt und gefördert werden muss. Ohne ein ausgeprägtes räumliches Verständnis ist verantwortungsvolles architektonisches Entwerfen kaum möglich. Anders als in der klassischen plastischen Gestaltung steht dabei jedoch nicht das konkrete physische Objekt im Mittelpunkt, sondern die hinter dem Objekt stehende Architektur, das imaginierte Gebäude im Originalmaßstab, von dem sowohl Modell als auch Zeichnung lediglich mehr oder weniger vereinfachte Projektionen sind. Warum aber ist räumliches Vorstellungsvermögen unverzichtbar für Gestaltung und Entwerfen in der Architektur, was sind seine Grundlagen und wie kann es gezielt in der universitären Lehre entwickelt werden?

Analoger und digitaler Zugang

Noch bis zur Jahrtausendwende war es vor allem die Darstellende Geometrie, mit deren Hilfe nicht nur geometrische Problemstellungen bearbeitet wurden, sondern die auch für die Herausbildung eines mathematisch präzisen und strukturierten Raumverständnisses verantwortlich zeichnete. Seit sich räumliches Zeichnen am Computer auch in der Architekturlehre durchgesetzt hat, kommt mit dem Computer Aided Design, dem CAD, ein weiterer Zugang zum räumlichen Denken hinzu, nämlich das intuitive, experimentelle Arbeiten im virtuellen Raum. Dieser Zugang aber ist lediglich als eine reine Ergänzung, keinesfalls als Ersatz für die aus der Darstellenden Geometrie erworbenen Kompetenzen im Umgang mit Raum zu verstehen. Die Ergebnisse von Studierenden zeigen einen klaren Zusammenhang zwischen diesen Kompetenzen im analogen und digitalen Zugang zum Raum: Je versierter der Umgang mit analogen Mitteln, desto sicherer gelingt auch der Umgang mit den visuellen digitalen Mitteln.

Digital Natives – ein Missverständnis

Der Einfluss der Digitalisierung steht außer Frage und ist unumkehrbar. Die Architekturlehre verhält sich hier konform mit der Entwicklung der Gesellschaft insgesamt. So hat sich zwar der Begriff „Digital Natives" etabliert, der suggerieren soll, dass die heranwachsende Generation besonders versiert mit digitalen Medien umzugehen vermag. Dies mag in hohem Maße auch zutreffen auf die alltägliche Bedienung ergonomischer Benutzeroberflächen vor allem von Smartphones. Allerdings beschränkt sich die Bedienung auf eher wenig spezifische Anforderungen, neben dem Betrachten von Videos und dem Verfassen von Kurznachrichten vor allem auf intuitiv zu erlernende, weitgehend vorgegebene Bewegungsabläufe, der Bedienung eines Ticketautomaten nicht unähnlich. Nicht aber leistet es diese Kompetenz, die digitalen Medien kritisch zu betrachten oder auch bloß die spezifischen Unterschiede des digitalen Arbeitens gegenüber dem analogen Arbeiten zu hinterfragen, ganz zu schweigen von den zugrunde liegenden informationstechnologischen, informatischen oder auch bloß algebraischen Grundlagen. Und dies gilt umso mehr für anspruchsvolle Tätigkeiten wie das Zeichnen, eine Kulturtechnik, die ohnehin im Allgemeinen wenig beherrscht wird und von der digitalen Industrie nicht zu den zentralen Anwendungsfeldern der von ihr produzierten Geräte gerechnet wird.

Tatsächlich ist die digitale Kompetenz der Digital Natives bezogen auf die in der Architektur relevanten Bereiche in keiner Weise gegenüber vorangehenden Generationen fortgeschritten. Im Gegenteil, die immer einfachere Bedienung digitaler Endgeräte hat die Notwendigkeit, sich mit den Besonderheiten des Digitalen insgesamt auseinanderzusetzen, aufgelöst. In der Frühzeit des Computers hingegen, als seine Bedienung noch alles andere als einfach war, war es offensichtlich, dass den Anschluss verpasste, wer sich nicht intensiv mit dem Digitalen auseinandersetzte. Ebenso völlig verzichtbar ist es für den Gebrauch der heutigen digitalen Medien, sich mit ebenjenen digitalen Technologien oder der Mathematik auseinanderzusetzen. Selbst einfachste grundlegende Begriffe wie Bits und Bytes, aber auch basale Konzepte wie Duplikate und Referenzen können bei Studienbeginn nicht vorausgesetzt werden, ebenso wenig logische oder mathematische Prinzipien oder Methoden wie etwa Boolesche Operationen, einfache oder umgekehrte Proportionalität, uniformes oder lineares Skalieren, selbst vollständig aus der analogen Welt übernommene Konzepte wie die Gegenüberstellung von Linienraster und Bandraster, das Phänomen Rhythmus und so weiter. Diese Grundlagen aber sind essenziell für die produktive und kreative Verwendung von CAD-Systemen, um eine Basis für die Gestaltung von Architektur zu gewinnen.

Entgegen der Erwartung gegenüber der Generation der Digital Natives sind auch die aus der Schule an die Universität mitgebrachten Kompetenzen in Mathematik im Allgemeinen und Geometrie im Besonderen in den letzten zwanzig Jahren nicht gestiegen. Erst 2025 soll das Schulfach Informatik, und das zunächst auch nur in Hamburg, zum Pflichtfach werden.[1]

1 Siehe https://www.sueddeutsche.de/bildung/schulen-hamburg-rabe-informatik-soll-pflichtfach-in-der-mittelstufe-werden-dpa.urn-newsml-dpa-com-20090101-231010-99-514950 [Stand: 01/2024].

Gerade diese Kompetenzen wären besonders wichtig für einen experimentellen Umgang mit Computersystemen und vor allem für strukturiertes CAD und kritische Visualisierung. Selbst die Zunahme autodidaktischer Kompetenzen im sogenannten Modeling, das weniger konstruktive als ausschließlich visuelle Ergebnisse verfolgt, hilft hier wenig weiter.

Die Bedeutung der Darstellenden Geometrie

Die Darstellende Geometrie behält damit ihre besondere Bedeutung – obwohl ursprünglich ein Teilgebiet der Mathematik – auch für die Architektur bei. Sie besitzt zwar nicht mehr denselben Stellenwert bei der Lösung geometrischer Fragestellungen, den sie vor allem an das CAD abgegeben hat, umso mehr aber dabei, überhaupt ein Bewusstsein für geometrische Problemstellungen zu schaffen. Schon das Zeichnen in simultanen Projektionen erfordert ein Abstraktionsvermögen, da der untersuchte Körper als solcher in den Zeichnungen gar nicht selbst, sondern nur in Form ebenjener mehrfachen Projektionen erscheint. Allein dieser Umstand befähigt zu einer komplexeren, nämlich mehrere Blickrichtungen gleichzeitig umfassenden Berücksichtigung eines räumlichen Elementes und damit auch zur Integration räumlicher Vorstellung in den komplexen Zusammenhang des Entwurfsprozesses.

Darüber hinaus schafft das Verständnis für geometrische Zusammenhänge auch für die Fotografie, die gerne entweder für eine erlernbare, rein technische oder umgekehrt rein intuitive, künstlerische Tätigkeit gehalten wird, eine kaum zu überschätzende Sicherheit, wenn nicht Voraussetzung. Das Verständnis für die in Fotografie und Perspektive gleichermaßen bedeutenden Zusammenhänge von Distanz, Orientierung und Neigung wird in der Darstellenden Geometrie theoretisch erarbeitet und in Ausdrucks- und Reflexionsvermögen fundiert. Diese Fähigkeiten erlauben dann aber nicht nur eine theoretische Auseinandersetzung mit der in der Fotografie umgesetzten Zentralprojektion, sondern bereiten auch die notwendige solide Basis für deren praktische Anwendung in Fotografie, Bildgestaltung und auch im architektonischen Entwerfen.

Die Bedeutung des CAD

Die Beziehung zur Darstellenden Geometrie

Das Computer Aided Design ergänzt das räumliche Denken der Darstellenden Geometrie komplementär. Nicht nur folgt die Projektion denselben Gesetzen. Auch die Generierung der virtuellen Modelle bedient sich vorwiegend der Konventionen der Mehrtafelprojektion. Selbst das freihändige Modellieren, solange es nicht vollständig innerhalb einer stereoskopischen Projektion in Virtual Reality stattfindet, erfolgt als perspektivische Zentralprojektion, die auf der Mathematik der Darstellenden Geometrie beruht, einschließlich ihrer abstrakten und zu interpretierenden Besonderheiten, die in der natürlichen Anschauung der Umwelt nicht vorkommen, wie die Verschwindungsebene oder der Hauptpunkt oder durch Randverzerrungen bedingte Verschiebungen von Größen, vor allem Winkeln, ins Surreale.

Sämtliche Projektionsformen virtueller Modelle besitzen eine Analogie in der Darstellenden Geometrie. CAD aber ermöglicht die Simultaneität beim Konstruieren in allen verfügbaren Projektionen. Sinnvoll und produktiv für den architektonischen Entwurf ist dies jedoch erst dann, wenn die Unterschiede planimetrischer, gerader und schiefer axonometrischer sowie perspektivischer Projektionen systematisch erfasst und verstanden worden sind. Eines der Ziele der strukturierten Lehre der Visualisierung besteht darin, den Studierenden diese Kompetenz zu vermitteln.

Die Topologie als wesentliches Merkmal

Die zweite, nicht weniger bedeutende Kompetenz, die in der strukturierten Lehre der Visualisierung erworben wird, ist das Verständnis für die Topologie digitaler Modelle. Anders als beim Zeichnen, dessen Elemente sich innerhalb der durch die physischen Medien von Träger- und Zeichenmaterial bedingten Auflösung nur scheinbar zu berühren brauchen, um einen stetigen Übergang wiederzugeben, ist es beim CAD zwingend notwendig, dass die Raumkoordinaten zweier Elemente, die aneinandergrenzen sollen, exakt identisch sind, dass sie also beispielsweise im gebräuchlichen und am einfachsten zu verstehenden kartesischen Koordinatensystem dieselben Werte auf den drei zueinander orthogonalen Koordinatenachsen besitzen. Das Bewusstsein für derartige mögliche Unschärfen beim analogen freihändigen wie auch beim gebundenen Zeichnen führt im CAD zu einer vollständig andersartigen Herangehensweise. Die notwendige Exaktheit des computergestützten Konstruierens ist ein wesentliches Merkmal, doch nur eines aus einer Vielzahl spezifischer Konstruktions- und Denkweisen, die das Arbeiten mit CAD bestimmen und häufig als wenig intuitiv und indirekt wahrgenommen werden.

Beschaffenheit und Menge aller hier nur beispielhaft angedeuteten Besonderheiten des Konstruierens im CAD bedingen, dass ein effizientes Ausdrucksvermögen mithilfe dieser heute in keinem Bereich der Architektur mehr verzichtbaren Sprache CAD eine kontinuierliche und systematische Auseinandersetzung ganz ähnlich dem Erlernen jeder beliebigen Fremdsprache voraussetzt. Auch diese geht im Laufe vertiefter

Kenntnis von der bewussten, gegebenenfalls noch übersetzenden Synthese in eine weitgehend automatische, unbewusste Verwendung über – ein Prozess, der beinahe eine Voraussetzung für wirklich kreativen Einsatz darstellt.

Anpassungen der Darstellenden Geometrie an die Architektur

Beide Zugänge, die Darstellende Geometrie wie das CAD, erfordern eine spezifische Anpassung an die Belange der Architektur.[2] Eine angemessene Form, die der universitären, auf Vermittlung von Kompetenzen zur selbstständigen Problemlösung zielenden Lehre entspricht, sind Übungen, die gemäß der einschlägigen Literatur allgemeine Fragestellungen der Geometrie zeichnerisch lösen, in Verbindung mit einer als seminaristischer Dialog angelegten Vorlesung, in der geometrische Phänomene vorgestellt, analysiert und diskutiert und schrittweise auf Grundlage des sich aufbauenden Repertoires zur Lösung geführt werden. Gerade die Dialogform vermag es, die Brücke zu schlagen zwischen der abstrakten Notation der Mathematik und dem architektonischen Verständnis der intuitiven räumlichen, also weitgehend perspektivischen Wahrnehmung. Konsequent beginnt diese Lehre der Darstellenden Geometrie – entgegen dem üblichen Vorgehen in der einschlägigen Literatur[3] – mit der Perspektive. Erst in einem zweiten Schritt und abgeleitet aus der – die Perspektive begleitenden und damit bereits experimentell erschlossenen – Tafelprojektion wird die abstraktere Axonometrie behandelt. Das betrifft nicht nur die zeichnerisch leicht erschließbaren sogenannten schiefen Axonometrien Militär- und Kavalierperspektive (an deren Bezeichnung sichtbar wird, wie schon in der vordigitalen Zeit über Metaphern versucht wurde, das schwierige Thema

2 Am Lehrstuhl Architektur und Visualisierung sind beide Grundlagenfächer seit seiner Gründung – im Jahr 2006 noch als Lehrstuhl für Darstellungslehre – in die Visualisierung integriert. Das grundlegende Lehrkonzept für Visualisierung haben Dominik Lengyel und Catherine Toulouse seit 2006 gemeinsam entwickelt.

3 Cornelie Leopold: Geometrische Grundlagen der Architekturdarstellung, 6. Aufl., Wiesbaden 2019.

anschaulich zu fassen) und die zwar bereits geraden, aber ebenso leicht erschließbaren Sonderformen Isometrie und Dimetrie, sondern auch die allgemeine Axonometrie. Diese ist zwar ungleich aufwendiger sowohl zu verstehen als auch zu konstruieren, lässt sich dafür aber uneingeschränkt an die eigenen Bedürfnisse der Aussage und Gestaltung anpassen. Schließlich folgt als letzter Schritt – und dieser baut konsequent auf dem dann bereits Erarbeiteten auf – die klassische Dreitafelprojektion, die exemplarische Lösungsmethoden komplexer geometrischer Fragestellungen wie beispielsweise die Ermittlung wahrer Größen und Winkel frei im Raum orientierter Flächen einschließt.

Die Adaptionen des CAD an die Architektur: CAAD

Die Lehre des Computer Aided Design wird seit einiger Zeit an die Belange der Architektur angepasst.[4] In einigen Kontexten wird es daher mit dem eigenständigen Begriff CAAD – Computer Aided Architectural Design – bezeichnet.

In erster Linie werden die oben bereits genannten, wichtigen topologischen Bezüge vertieft, die für jede konstruktive Verwendung des CAD Voraussetzung sind. Nur topologisch einwandfreie Modelle lassen sich in nachfolgenden technischen Prozessen weiterverarbeiten, sei es in der reinen Massenermittlung oder in Simulationsverfahren wie der Finite-Elemente-Methode. Dieser technische Zugang dient dabei durchaus auch als effektive Grundlage für nicht-konstruierende Modellierungsverfahren im CAD wie dem prozeduralen Entwerfen oder auch mit Einschränkungen dem skulpturalen Modellieren.

4 Der damalige Lehrstuhl Darstellungslehre war eine Zusammenlegung der zuvor eigenständigen Lehrstühle Architekturdarstellung und Architekturinformatik.

Neben der Topologie ist beim CAD in der Architektur ein Bewusstsein für die Maßstäblichkeit zu vermitteln. Anders als beim Zeichnen auf Papier scheint diese am Bildschirm keine Rolle zu spielen – ein Umstand, den zu verinnerlichen ebenfalls einiges an Übung und Praxis voraussetzt. Die vermeintliche Maßstabslosigkeit entpuppt sich jedoch spätestens bei der Druckausgabe als trügerisch, und zwar sowohl zwei- als auch dreidimensional, wenn die grafische Dichte ein Lesen des Druckerzeugnisses nicht mehr ermöglicht oder auf der anderen Seite nicht angemessen hoch ist, die Zeichnung also leer beziehungsweise das Modell zu grob erscheint.

Zusätzlich erfordert das dreidimensionale Drucken als weiteres topologisches Merkmal die Geschlossenheit der Volumina – offene Flächenverbände werden vom Drucker ignoriert – in Verbindung mit einer besonderen Berücksichtigung der Auflösung und auch der Stabilität des Druckmaterials. Dies hat Einfluss auf die absolute Filigranität, die wiederum verbunden ist mit dem relativen Detaillierungsgrad, aber auch mit Abstraktion und damit der Schaffung neuer Formen, die Architektur repräsentieren sollen.

Eine Besonderheit des Einsatzes des CAD in der Architektur ist weniger die Konstruktion selbst als die hierfür grundlegende architektonische Raumkomposition. Diese Unterscheidung setzt den Einsatz des architektonischen CAD von den Ursprüngen des Konstruierens mithilfe des CAD, nämlich dem Maschinenbau ab, bei dem es vorwiegend, wenn nicht ausschließlich um konstruktive, auch kraftschlüssige Verbindungen, beispielsweise von Motorenteilen, geht. Im Maschinenbau geht es also allein um die Funktion, nicht um die visuelle Erscheinung. Gemein ist beiden die Dynamik. Während sich jedoch im Maschinenbau das Objekt selbst bewegt, sind es in der Architektur die Personen, die sie nutzen und betrachten, und was sich beim Benutzen ändert, ist daher deren visueller Raumeindruck. Der architektonischen Raumkomposition eigen ist außerdem der Ortsbezug, der es außerdem vom Konstruieren im Design und anderen Gestaltungsdisziplinen unterscheidet, und der nebenbei auch dem Verständnis für die Unterscheidung zwischen globalem und lokalem Koordinatensystem eine besondere Bedeutung zuweist. Architektur aber verfolgt anders als die reine Konstruktion des Maschinenbaus immer auch einen subtilen Ausdruck, das Vermitteln einer gestalterischen Vorstellung jenseits der Funktionalität.

Vertiefungen des CAD in der Architektur können erst dann produktiv in unterschiedliche Richtungen erfolgen, wenn diese allgemeinen Grundlagen gelegt sind. Sie bestehen neben der besonderen Bedeutung der Topologie in den spezifischen Konstruktionsmethoden, die so in der physischen Welt nicht vorhanden sind. Diese umfassen die Verwendung von Variablen, das Skalieren, Duplizieren, Multiplizieren, Verzerren, aber auch den Wechsel zwischen Dimensionen, also die Reduktion, das Projizieren auf der einen Seite und auf der anderen Seite das Erweitern, also das Aufspannen von Flächen aus Kurven oder das Umschreiben von Volumen aus Flächen oder mehreren Kurven. Sämtliche dieser Methoden des konstruktiven Denkens kommen so in der Natur nicht vor, sondern sind Ableitungen eines Abstraktionsprozesses, dessen Grundsteine spätestens in der elementaren Mathematik in der Schule gelegt werden. Einen in der Schulzeit erlernten abstrakten Raumbegriff bildet beispielsweise das Molekülmodell aus dem klassischen Weltbild der Physik, wie es ebenso in der Chemie vermittelt wird.

Gerade wegen der engen Verbindung zur Mathematik ist es von besonderer Bedeutung, dass die ersten Schritte im CAD trotz ihres Bezugs zur anschaulichen Architektur in einem

Konstruktionssystem, einer Software stattfinden, deren Grenzen jenseits der Notwendigkeiten der Architektur liegen. Vorausgesetzt, die Prinzipien des CAD werden strukturiert erlernt, garantieren erst die aus Sicht der Architektur unbegrenzten Möglichkeiten[5] eines solchen CAD-Programms ein wirklich experimentelles Arbeiten mit größtmöglicher Analogie zum physischen Raum.

Die Bedeutung der Visualisierung

Visualisierung als Gestaltungs- und Erkenntnisprozess, ganz gleich, mit welchem zeitlichen Bezug zum Gebäude: ob geplant, gebaut oder hypothetisch nachempfunden, definiert für die beiden zuvor geschilderten Verfahren Darstellende Geometrie und CAD den Inhalt. Damit beide Methoden aber nicht bloß mechanisch als technische Anwendung, sondern reflektiert verwendet werden, liefern die Fragestellungen der Visualisierung, auf welche Weise nämlich welche Art von Darstellung den Inhalt am treffendsten wiedergibt und welche gestalterischen und technischen Mittel hierfür verwendet und gegebenenfalls entwickelt werden müssen, Ziel und Anforderung zugleich. Hierbei ist es entscheidend, dass aus der Form der Auseinandersetzung mit dem Inhalt die Form der Visualisierung entwickelt wird. Visualisierung als universitär gelehrtes Fach verlangt und fördert genau diese Beschäftigung mit dem kreativen Prozess des Visualisierens zur Förderung der architektonischen Erkenntnis und Entwicklung.

Visualisieren bedeutet also nicht etwa nur das Abbilden eines vorgegebenen Modells, sondern umfasst den gesamten Prozess von der ersten Übersetzung einer Idee bis hin zum fertigen visuellen Produkt. Dies kann eine Zeichnung oder ein physisches Modell sein, im computergestützten Kontext also

5 Aus diesem Grund wurde vom Lehrstuhl Architektur und Visualisierung an der BTU für die Lehre das Programm Rhinoceros von McNeel ausgewählt.

ein 3D-Druck, der flächige Tinten-, Toner- oder Wachsdruck auf Papier oder auch die Ausgabe durch eine elektronische Projektion, still oder bewegt, flächig oder räumlich, monoskopisch, stereoskopisch oder in Virtual Reality. Wichtiger aber als das Ausgabemedium ist der erste Schritt, die eigentliche Visualisierung: das Sichtbarmachen, das Übersetzen einer Idee in ihre visuelle Repräsentation. Es spielt dabei keine Rolle, ob etwas Sichtbares auf andere Weise oder etwas Unsichtbares auf grundlegende Weise sichtbar gemacht wird. Selbst der Prozess des Übersetzens von etwas Sichtbarem, beispielsweise die Visualisierung eines existierenden Gebäudes, schließt die Erzeugung eines Artefakts, das absichtsvolle Erstellen einer neuen visuellen Repräsentation ein. Dieses Gestaltungsmoment ist die entscheidende zu vermittelnde Kompetenz. Sie ist eine eigenständige Disziplin mit Querbezügen zu vielen anderen Disziplinen in der Architektur und wegen ihrer unmittelbaren Auswirkung auf die Wahrnehmung von Architektur von besonderer Bedeutung im architektonischen Entwurf.

Die Entwicklung der Visualisierungskompetenz

Das Erwerben dieser vielschichtigen Kompetenz erfordert eine früh einsetzende und kontinuierlich auch im Selbststudium fortgesetzte, aufeinander aufbauende theoretische wie praktische Beschäftigung mit Visualisierung. Wie in der gesprochenen Sprache geht es neben Syntax und Grammatik auch um den routinierten und dadurch erst möglichen kreativen Gebrauch der Sprache, dort um die Konversation, hier um den geläufigen und zugleich ebenso effektiven wie effizienten Einsatz beim Konstruieren und Entwerfen von Architektur. Obwohl sich vieles in der Handhabung eines Werkzeugs wie

CAD ähnlich zur Anwendung einer Sprache verhält, gibt es einen bedeutenden Unterschied. Beim CAD fehlt die Möglichkeit des reinen Nachahmens, wie es in der frühen Kindheit beim Spracherwerb stattfindet. Stattdessen ist der Erwerb der Sprache CAD vergleichbar mit dem Erlernen einer Fremdsprache als Erwachsener. Autodidaktische Erfahrungen, beispielsweise erste experimentelle Schritte während der Schulzeit, können zwar den Zugang erleichtern, die Hemmschwelle senken und ein allgemeines Verständnis für nicht-analoge Prozesse fördern, ersetzen aber in den allerwenigsten Fällen die strukturierte Lehre.

Wie beim Sprechen ist vor allem der kontinuierliche Gebrauch auch der Sprache CAD Voraussetzung nicht nur für die Entwicklung einer individuellen Handschrift, sondern auch für den produktiven Einsatz in angrenzenden Bereichen wie dem Entwurf.

Visualisierungskompetenz bedeutet daher auch im Entwurf, die Sprache des CAD und der Visualisierung bereits im Repertoire zu haben, dies aber eben strukturiert, da sonst – um es freundlich auszudrücken – nur Zufallsergebnisse entstehen. Diese mögen zwar beeindrucken, und in vielen Fällen mittels künstlicher Intelligenz im Prompt-to-Image-Verfahren ist dies der Fall. Eine kompetente gestalterische Aussage jedoch erfordert unabhängig vom verwendeten Werkzeug versierte Expertise. Alle beteiligten Komponenten Darstellende Geometrie, CAD und Visualisierung können dann mit fortschreitendem Studium immer souveräner eingesetzt und immer weiter entwickelt werden, sowohl in der Disziplin Visualisierung selbst als auch im Prozess des Entwerfens.[6]

6 Einen umfassenden Überblick bieten Ludger Hovestadt, Urs Hirschberg und Oliver Fritz (Hg.): Atlas of Digital Architecture. Terminology, Concepts, Methods, Tools, Examples, Phenomena, Basel 2020.

Das Entwerfen in der Perspektive

Das bildliche Entwerfen in der Perspektive[7] stellt eine erste Synthese zwischen Visualisierung und Entwurf dar, indem die Perspektive als alleiniger Entwurfsraum behandelt wird. Die darin entstehende Architektur ist eine reine Vision, die zwar den architektonischen Gesetzmäßigkeiten unterliegt, dies aber nur soweit, wie die Perspektive sie eben offenlegt. Ähnlich wie eine Fotografie tatsächlich realisierter Architektur das Wesen eines architektonischen Gedankens auszudrücken in der Lage ist, vermag dies eine Perspektive für eine architektonische Vision. Der entscheidende Unterschied ist der, dass die in der Perspektive entworfene Vision einzig in der Perspektive existiert. Eine solche architektonische Vision entspricht damit weniger einer Fotografie als einer Zeichnung oder einem Gemälde. Im Kontext der Architekturvisualisierung allerdings, also des Entwerfens von Architektur in der Perspektive, muss sich diese Vision der Plausibilität realer Architektur stellen. Das bedeutet unter anderem, dass ihre Geometrie – anders etwa als beispielsweise einige der gezeichneten fiktiven Kerker von Piranesi[8] – stets möglich ist.

Die Bedeutung der Visualisierungskompetenz für das Entwerfen

Durch ihre Plausibilität und geometrische Konsistenz ist die beim Entwerfen in der Perspektive erworbene Kompetenz schließlich übertragbar auf den allgemeinen architektonischen Entwurfsprozess, in dem neben der räumlichen Vision auch die anderen Anforderungen an die Architektur berücksichtigt werden müssen, von der Statik bis zur Wirtschaftlichkeit. Das Entwerfen in der Perspektive, also die Kompetenz des reflek-

7 Dominik Lengyel und Catherine Toulouse: Perspektiven gestalten, BTU Cottbus-Senftenberg, Cottbus 2008.

8 Giovanni Battista Piranesi: l'arco gotico (Carceri d'invenzione), https://www.metmuseum.org/art/collection/search/362798 [Stand: 01/2024].

tierten Einsatzes von Visualisierung in der Architektur, der „konstruierte Blick"[9], ist damit eine unverzichtbare Voraussetzung bei der Entstehung von Architektur. Sie steht für das unmittelbare Einbeziehen der Betrachtenden, für ihren visuellen Eindruck, für die Verbindung zwischen Mensch und Gebäude, zwischen sehendem Auge und körperlicher Präsenz.

Dies erklärt auch die Bedeutung des Bewusstseins für den fotografischen Standpunkt in den angrenzenden Disziplinen Städtebau und Bauingenieurwesen. Gerade der Städtebau profitiert von einer Entwurfsmethode, die trotz der Großmaßstäblichkeit städtebaulicher Planungen die visuelle Wahrnehmung der künftigen Betroffenen aus natürlicher Augenhöhe einbezieht.

Die Bedeutung der Visualisierung in der Architekturforschung

In der Forschungslandschaft der Architektur ist die Reflexion des Visualisierungsprozesses nicht nur deshalb unverzichtbar, weil Entwurfsforschung und Forschung in der Architektur überhaupt zunehmend an Bedeutung gewinnen, sondern vor allem auch deshalb, weil sie die wichtige Brücke zwischen der gestalterischen Praxis und den sie reflektierenden Geisteswissenschaften bildet. Dass die Visualisierung eine eigenständige Forschungsdisziplin ist, auch wenn ihre Beherrschung eine der wichtigen Grundlagen für das architektonische Entwerfen bildet, zeigt ihre Einbindung in zwei jüngere Zweige der Kunstgeschichte, in die Bildwissenschaft und die Digital Humanities.[10] Nicht ohne Grund wird die Bedeutung, die die computergestützte Visualisierung in der Architektur als digitales Bild besitzt, im Rahmen des DFG-Schwerpunktprogramms

9 Joseph Rosa: A Constructed View. In: ders. (Hg.): A Constructed View. The Architectural Photography of Julius Shulman, New York 1994, S. 35–110.

10 Arbeiten des Lehrstuhls Architektur und Visualisierung, in denen die Visualisierung als Bestandteil der Digitalisierung der Geisteswissenschaften deutlich wird, waren Inhalt von Vorträgen im Kontext der Digital Humanities auf dem Deutschen Kunsthistorikertag und mehreren Jahrestagungen der Digital Humanities im deutschsprachigen Raum oder am Institut Zentrum für Informationsmodellierung – Austrian Centre for Digital Humanities 2019 sowie von zahlreichen weiteren, interdisziplinären Vorträgen außerhalb der Architektur.

„Das digitale Bild“ untersucht und im vorliegenden Band dargelegt, der Teil dieses Forschungsprogramms ist.

Fazit

Zusammenfassend ist die Visualisierung in der Architektur ein Grundpfeiler des architektonischen Entwerfens und insofern unverzichtbar, als die sichtbare Erscheinung von Architektur den direkten, unmittelbaren Kontakt zu den Sehenden, den Dialog zwischen Gebäude und Mensch definiert. Als Ausdrucksmittel einer eigenen Sprache erfordern die dazu notwendigen Kompetenzen eine kontinuierliche und intensive Beschäftigung, aus der heraus sich zum einen erst eine individuelle Handschrift entwickeln kann und die zum anderen den Gegenstand vielfältiger Forschungstätigkeiten bildet. Dies macht die Disziplin Visualisierung nicht zuletzt auch zu einem zentralen Bestandteil der intellektuellen Bildung in der Architekturlehre.

Über den Autor und die Autorin

Dominik Lengyel ist Universitätsprofessor und Inhaber des Lehrstuhls für Architektur und Visualisierung an der Brandenburgischen Technischen Universität Cottbus-Senftenberg sowie Mitglied der Klasse Künste der Europäischen Akademie der Wissenschaften und Künste in Salzburg. Catherine Toulouse ist Architektin und war Akademische Mitarbeiterin am selben Lehrstuhl. Beide führen außerdem das Büro Lengyel Toulouse für Visualisierung in der Architektur mit Arbeiten unter anderem für den Kölner Dom, das Berner Münster, die Kulturstiftung der Länder über das Martin von Wagner Museum oder das Deutsche Archäologische Institut.

Einer ihrer Forschungsschwerpunkte ist die Visualisierung wissenschaftlicher Hypothesen aus den Bereichen Archäologie, historische Bauforschung und Kunstgeschichte. Ziel ist es dabei, über die Übersetzung des Wissens einschließlich der darin enthaltenen essenziellen Unschärfe – umschrieben mit dem Begriff „Darstellung von Unschärfe“ – Erkenntnisse in den jeweiligen Wissenschaften zu generieren, die Visualisierung also als Katalysator innerhalb anderer Disziplinen zu nutzen. Dass dies nicht ohne architektonische Gestaltungskompetenz möglich ist, bildet – unter dem Begriff „Gestaltung von Abstraktion“ – ebenfalls den Gegenstand weiterer Forschungen.

In der Lehre wirken sich die Ergebnisse dieser Forschungs-, Vortrags- und Publikationstätigkeiten kontinuierlich aus, aus den Forschungsprojekten werden laufend Inhalte und Aufgabenstellungen für Lehrveranstaltungen generiert.

Vorträge und Publikationen zum Lehrkonzept beschreiben die spezifische Adaptation der Darstellenden Geometrie an die Belange der Architektur als Anschauliche Geometrie[11], aber auch das Konzept der Visualisierung als Integration[12] einer reflektierenden Auseinandersetzung mit dem architektonischen Inhalt. Dabei geht es immer wieder um die Visualisierung als integrierende Disziplin der ihr zugrunde liegenden Basiskompetenzen Darstellende Geometrie und Computer Aided Design. Die Vorträge zum Lehrkonzept, aber auch zum gestalterischen Konzept der Übersetzung von Unschärfe dienen dem fortlaufenden Austausch in der Fachcommunity, so etwa in dem bereits erwähnten Kompendium zum Einsatz des Computers in der Architektur Atlas of Digital Architecture. Terminology, Concepts, Methods, Tools, Examples, Phenomena[13].

11 Dominik Lengyel: Anschauliche Geometrie. In: Albert Schmid-Kirsch (Hg.): Positionen der Geometrieausbildung, Tagungsband der ersten Tagung der Deutschen Gesellschaft für Geometrie und Grafik, CD, Universität Hannover 2005, S. 45-52.

12 Dominik Lengyel und Catherine Toulouse: Visualisierung in der Architekturlehre. In: Carola Ebert, Eva Maria Froschauer und Christiane Salge (Hg.): Vom Baumeister zum Master. Formen der Architekturlehre vom 19. bis ins 21. Jahrhundert, Berlin 2019, S. 256-285.

13 Dominik Lengyel und Philipp Schaerer: Visualisation. In: Atlas of Digital Architecture 2020 (s. Anm. 6), S. 284-323. Dazu Hubert Locher: Atlas of Digital Architecture. Zur Rolle des digitalen Bildes in der Architektur – Ein Lesebericht, 04.10.2021, https://www.digitalesbild.gwi.uni-muenchen.de/atlas-of-digital-architecture-zur-rolle-des-bildes-in-der-digitalen-architektur-ein-lesebericht/ [Stand: 01/2024].

Abb. 1, Wassili Luckhardt, „Vom Entwerfen“, in: Stadtbaukunst alter und neuer Zeit 1921, 11 (1. Sept.), S. 169

VOM ENTWERFEN

Von WASSILI LUCKHARDT

„Wir müssen uns daran gewöhnen, beim Bauen Genüge zu finden, wenn bei einem gutgestellten Haus zu einer gut bemessenen und gut aufgeteilten Wand ein gut gestaltetes Dach sich fügt“, sagt ein bekannter Baurat anläßlich des Wettbewerbes für das Hygiene-Museum in Dresden und mit ihm sagen das wohl die Mehrzahl aller derjenigen, die darauf bedacht sind, nach solch bequemen Rezept neben ihrer geschäftlichen Tüchtigkeit auch noch die sogenannte Kunst schnell und prompt erledigen zu können. „Die gut aufgeteilte Hauswand ist ja die typische Grundlage für die „der Zeit angemessene“ und „würdige“ Architektur. Es fehlt dann nur noch der sogenannte „flotte Zeichner, gewandt in Darstellung und Perspektive“, um die zusammengestellten „gut aufgeteilten Hauswände“ zu einem geschmackvollen Bildchen für den Bauherrn schnell und sicher zusammenzubringen.

Hat der junge Architekt heute etwas worauf er aufbauen kann? Fast möchte man sagen: nein. Hoffnungsvolle Anfänge im Kunstgewerbe hat die kapitalistisch rechnende Zeit, mit dem Schlagwort von der Zweckmäßigkeit bald wieder beseitigt, ehe sich daraus etwas Festes gestalten konnte. Mathildenhöhe, Osthaus, Folkwangmuseum, Olbrich, van der Velde, Obrist, all die ersten Zeichen scheinen versunken zu sein.

Und doch, wer in den Ausstellungen sieht, worum Maler und Bildhauer ringen, fühlt trotz aller scheinbaren Verschiedenheit das gemeinsame Wollen zu einer neuen Gesinnung und einer neuen Form. Hier liegen auch für den jungen Architekten die Zeichen, die in die Zukunft weisen. Die Frage ist: wie kommen wir wieder zur organischen Form beim Bauen, wie sie die alten Kulturen besessen haben? Was ist organische Form? Diese Frage

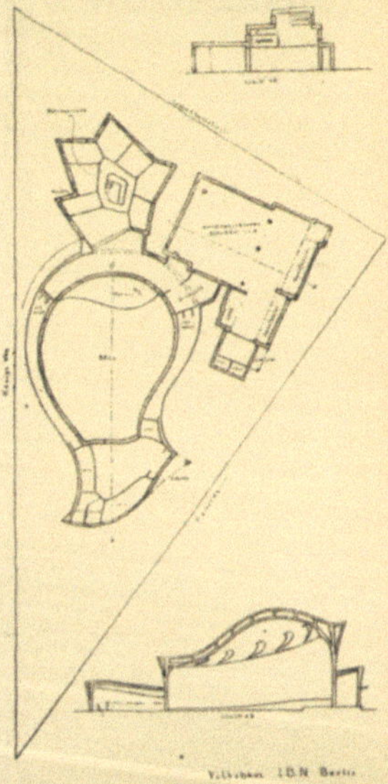

Abb. 10 u. 11. Volkshausentwurf von Wassili Luckhardt
Nach dem Modell auf der Großen Berliner Kunstausstellung.

169

Hubert Locher, Florian Henrich

Zur Dialektik des digitalen Bildes im Architekturprozess

In unserem Forschungsprojekt „Architecture Transformed – Architekturprozesse im digitalen Bildraum" sind wir der Frage nachgegangen, inwiefern das digitale Bild das Entwerfen und Visualisieren von Architektur verändert hat. Ausgangspunkt bildete dabei die Annahme, dass die visuelle Repräsentation ebenso wie die damit einhergehenden medialen Transformationen generell integrale Bestandteile der Architektur sind. Sowohl ihre Produktion als auch die Art und Weise, wie Architektur vorgestellt und verstanden wird, sind maßgeblich durch die Medien ihrer Darstellung bestimmt. Die Digitalisierung hat auf der Ebene des architektonischen Entwerfens und der Ebene der visuellen Architekturrepräsentation gleichermaßen zu tiefgreifenden Veränderungen geführt, die es im Zuge des Projekts exemplarisch zu untersuchen galt. Leitender Gedanke war dabei demnach die Frage, welchen Anteil das digitale Bild heute im architektonischen Prozess hat, wie das digitale Bild die Architektur prägt und inwiefern also heute von ‚digitaler Architektur' gesprochen werden kann.

Um den fundamentalen Wandel vom analogen zum digitalen Architekturbild für die Untersuchung greifbar zu machen und überhaupt einen klareren Begriff vom digitalen Architekturbild zu gewinnen, haben wir uns dem Phänomen von zwei Seiten angenähert: Während im Cottbuser Teilprojekt die digitale Bildproduktion aus architekturpraktischer Sicht in den Blick genommen und das digitale Bild als elementarer Bestandteil der digitalen Entwurfs- und Visualisierungswerkzeuge in sei-

Publiziert in: Locher et al. (Hg.), Rendering/Visualisierung (Begriffe des digitalen Bildes, 5), München 2024, S. 74-92. DOI: https://doi.org/10.5282/ubm/epub.109220

nen Effekten auf die erzielten Resultate analysiert wurde, standen auf Marburger Seite die historisch-analytische Rekonstruktion der Genese der digitalen Architekturdarstellung, ihrer medialen Diffusion und Rezeption sowie die Bestimmung der ästhetischen Merkmale des digitalen Architekturbildes und die Kritik seiner kommunikativen Verwendung im Fokus. Entwerfen und Visualisieren sollten auf diese Weise miteinander verknüpft und dadurch Produktion und Repräsentation von Architektur in ihrem Zusammenhang behandelt werden.

Dabei zeigt sich, dass ein prinzipieller Unterschied in der Art und Weise der visuellen Repräsentation von Architektur im Kontext von Entwurf und Entwerfen auf der einen und im Kontext von Visualisieren, Rendering und repräsentativer Darstellung zu kommunikativen Zwecken auf der anderen Seite besteht. Das digitale Bild lässt sich zum einen als etwas Prozessuales begreifen, das im iterativen Prozess des Entwerfens als Interface unmittelbar auf den Entwurfsprozess zurückwirkt und ihn beeinflusst, zum anderen als Schaubild, als Resultat und Produkt eines auf die visuelle Demonstration ausgerichteten Gestaltungsvorgangs. In beiden Fällen handelt es sich um visuelle Repräsentationen, die jedoch in ihrer Erscheinung, Funktion und Anwendung grundsätzlich differieren. Das digitale Bild als Teil der Entwurfswerkzeuge, als visuelle Komponente des digitalen Tools, ist ein anderes, ihm ist eine andere Form von Bildlichkeit eigen als dem digitalen Bild in der repräsentativen Entwurfsvisualisierung. Architektonisches Entwerfen und Visualisieren stellen somit zwei verschiedene Prozesse dar, in denen unterscheidbare Bildlichkeitsmodi zum Tragen kommen und unterschiedliche Sorten von digitalen Bildern generiert werden.

Wenn die beiden Sphären des prozessualen Entwerfens und der nachträglichen Visualisierung naturgemäß aufeinander bezogen sind, so ist im Verlauf unserer Untersuchungen deutlich geworden, dass die in den letzten Jahrzehnten sich überaus dynamisch entwickelnden, verfügbaren digitalen Methoden zu einer verstärkten Durchdringung und intensivierten Wechselbeziehung geführt haben. Generell scheint im Bereich des Entwerfens eine zunehmende Bedeutung der Visualisierung, des Bildlich-Anschaulichen feststellbar, wie sich stellvertretend am Beispiel des Design Technologies Department im Büro Herzog & de Meuron nachvollziehen lässt:

„Bei komplexen Gebäuden kann man mit vier Schnitten eine Intention abbilden, aber es ist etwas ganz anderes, jede spezifische Situation des Gebäudes anhand eines Modells überprüfen zu können. Das Visualisieren dieser Situationen ist so immer mehr zum Arbeitsinstrument geworden, das unsere Entscheidungen unterstützt. […] Visualisierungen sind immer mehr selbst zu Werkzeugen geworden, auch wegen der zunehmenden Möglichkeiten und Bedeutung von Virtual Reality und Real-Time Rendering. Das Visualisierungsteam steht inzwischen der Software und der Programmierung viel näher.“[1]

Angesichts dieser zu konstatierenden aktuellen Entwicklung einer zunehmenden Verquickung von Entwerfen und Visualisieren erscheint Architektur heute, im digitalen Zeitalter, als zutiefst von digitaler Bildlichkeit geprägt. Unter Verwendung der aktuellen digitalen Entwurfsprogramme kann ein zu realisierendes Gebäude praktisch von Beginn an in allen Phasen des Entwurfs auf seine jeweilige visuelle Wirkung hin überprüft und entsprechend konzipiert und gestaltet werden. Das Bild avanciert dadurch zur Kontrollinstanz und zur Zielgröße zugleich, auf die ein Entwurf hin angelegt wird, bevor irgendeine Bauentscheidung gefällt wird. Damit sind keineswegs nur jene aufwendig gestalteten, suggestiven Schaubilder gemeint,

1 Anh-Linh Ngo und Alexandra Nehmer im Gespräch mit Steffen Riegas und Michael Drobnik (HdeM): Komplexitätsmanagement. In: ARCH+, 2018, Heft-Nr. 233 (Nov.), S. 80–87, hier S. 82.

die wie schon zuvor im vordigitalen Zeitalter das Entworfene nach außen, jenseits des Entwurfsprozesses, vermitteln und vermarkten sollen und die landläufig als Renderings bezeichnet werden, wobei es sich mitnichten um einen bloß technischen Vorgang handelt. Das Entscheidende bei der Durchdringung von Entwerfen und Visualisieren scheint vielmehr in der wachsenden Bedeutung des elementar Bildlichen für den Entwurfsprozess selbst zu liegen. Die bildliche Repräsentation, in der Art einer zweidimensionalen Ansicht virtuell am Bildschirm oder als hinzugezogener Print materialisiert, nimmt eine neue Position ein, indem der digital modellierte bildliche Eindruck, der in beliebig vielen Phasen mit geringstem Aufwand abgerufen werden kann, bereits im Prozess den Entwurf kontinuierlich zu bestimmen begonnen hat. Demnach wird in Verwendung der digitalen Entwurfs- und Visualisierungswerkzeuge Architektur stärker als jemals „vom Bild aus" gedacht und konzipiert.[2] Dazu tragen natürlich auch jene, den Entwurf auf suggestive, persuasive, auch modisch aktuelle Weise nach außen hin kommunizierenden digitalen Bildprodukte bei, indem sie als medial zirkulierende Artefakte mittelbar auf den Entwurfsprozess und die daran beteiligten Personen zurückwirken.

Das Bild als Teil des Tools

Wie die praktische Analyse des Cottbuser Teilprojekts gezeigt hat, ist eine zunehmende Bildlichkeit des Entwerfens im Digitalen festzustellen, deren Erweiterungsmöglichkeiten, aber auch Begrenzungen für das Entwerfen stark vom Typ der gewählten Entwurfssoftware abhängen.[3] Der Computer ermöglicht ein kontinuierliches, „fluides"[4] freies Gestalten nicht mehr

2 Vgl. Hubert Locher: Atlas of Digital Architecture. Zur Rolle des Bildes in der digitalen Architektur – Ein Lesebericht, 04.10.2024, https://www.digitalesbild.gwi.uni-muenchen.de/atlas-of-digital-architecture-zur-rolle-des-bildes-in-der-digitalen-architetur-ein-lesebericht/ [Stand: 01/2024].

3 Siehe Dominik Lengyel und Catherine Toulouse: Der Produktionsprozess des digitalen Bildes in der Architektur. In: Hubert Locher, ders., Florian Henrich und dies. (Hg.): Architecture Transformed. Das digitale Bild in der Architektur 1980–2020, Ausst.kat., Heidelberg 2023, S. 13–20, DOI: https://doi.org/10.11588/arthistoricum.1156.c15954 sowie das Abstract in diesem Band.

4 Vgl. Sophie Ramm: Fluide Architektur. In: Hanni Geiger und Julian Stalter (Hg.): Fluidität (Begriffe des digitalen Bildes, 4), München 2023, S. 50–67, hier S. 56. DOI: https://doi.org/10.5282/ubm/epub.105066

voneinander getrennt in Grundriss, Aufriss und Schnitt, sondern in der Perspektive. Der virtuell am zweidimensionalen Bildschirm repräsentierte Entwurf kann wie eine dreidimensionale Figur gewissermaßen plastisch gestaltet werden, das heißt, er wird als „Bild“ aus der Anschauung heraus modelliert.

Dabei ist das intuitive plastische Entwerfen durchaus kein genuin digitales Phänomen. Bereits 1921 nannte Wassili Luckhardt ein Hilfsmittel, „das uralt ist“ – das Modellieren mit Ton: „Man lege Bleistift und Lineal beiseite, nehme Ton oder Plastelin [sic!] und fange an, ganz von vorn, ganz unvermittelt und unbeeinflußt zu kneten“[5] (Abb. 1). Bezeichnend ist vielmehr, dass es gelang, diesen Gestaltungsansatz auf den Computer zu übertragen und in den virtuellen Raum zu verlagern. Dass dieser digitale Bildraum durch die Gebundenheit an die Bildschirmwiedergabe letztlich ein zweidimensionaler ist, beinhaltet keinen Widerspruch, selbst wenn man im alltäglichen Sprachgebrauch unter einem Modell im Architekturkontext üblicherweise ein materiell dreidimensionales, plastisches Gebilde versteht. Im Bereich der digitalen Planung spricht man indessen generell „vom Computer*modell*, das man am *Bild*schirm betrachtet.“[6]

Bezeichnend ist in diesem Zusammenhang auch die formale Ähnlichkeit zwischen Luckhardts präsentiertem Entwurf, der als dynamischer „Blob“ mit zackiger Stadtkrone beschrieben werden könnte, und den computergenerierten Entwürfen und Bauten eines Greg Lynn oder von UNStudio. Diese augenfällige Parallelität in der Formgebung[7] könnte einerseits als Indiz für den Erfolg des plastischen Entwerfens mithilfe des Computers gesehen werden. Die frei formende Gestaltung, wie sie zu Zeiten Luckhardts plastisch-handwerklich erfolgte, ist nun am Bildschirm möglich und kann mithilfe der digitalen Planungsinstrumente auch technisch umgesetzt

5 Wassili Luckhardt: Vom Entwerfen. In: Stadtbaukunst alter und neuer Zeit, Jg. 2, 1921, Heft-Nr. 11 (1. Sept.), S. 169–170, hier S. 170.

6 Inge Hinterwaldner: Prolog. Modellhaftigkeit und Bildlichkeit in Entwurfsartefakten. In: Sabine Ammon und dies. (Hg.): Bildlichkeit im Zeitalter der Modellierung. Operative Artefakte in Entwurfsprozessen der Architektur und des Ingenieurwesens, München 2017, S. 13–30, hier S. 14. Hervorhebungen im Original.

7 Vgl. Svenia Schneider: Blob-Architektur für das 21. Jahrhundert. Neues Paradigma oder Relaunch einer ehrwürdigen Tradition?, Marburg 2012; Carin M. Schirmacher: Paradoxien des Digital Turn in der Architektur 1990–2015. Von den Verlockungen des Organischen: digitales Entwerfen zwischen informellem Denken und biomorphem Resultat, Berlin 2018.

werden. Andererseits kann die Ähnlichkeit von computergestützt entworfener Architektur mit vermeintlichen Vorläufern aus dem vordigitalen Zeitalter ebenso als Hinweis darauf gelten, dass die Formen ‚digitaler Architektur' sich gar nicht in erster Linie den digitalen Entwurfswerkzeugen verdanken müssen, wie es im Zuge der Digitalisierung der architektonischen Praxis von verschiedener Seite immer wieder postuliert wurde und zum Teil auch heute noch zu vernehmen ist.

Das wird an Beispielen aus der Praxis evident. Wie jedes Werkzeug erweitern und limitieren auch die digitalen Entwurfswerkzeuge den Möglichkeitsraum im architektonischen Entwurfsprozess zugleich auf spezifische Weise.[8] So weist eine Stadt wie Leipzig eine Vielzahl an Gebäuden auf, die, geradezu einen eigenen Typus ausbildend, aufgrund ihres Gestaltungsrepertoires und ihrer Entstehungszeit in den 1990er Jahren nicht selten abwertend als „Investoren-" oder „Postwendearchitektur" bezeichnet werden (Abb. 2). Was hier in der Summe wie ein Stil erscheint, ist auch durch den formprägenden beziehungsweise standardisierend wirkenden Einsatz von CAD-Software bedingt, mit ihrer Präferenz für einfache geometrische Grundformen wie Kubus oder Zylinder.

Wie die Cottbuser Studie zeigt, sind dies jedoch gestalterische Lösungen, die das verwendete digitale Entwurfswerkzeug nicht vorgibt, sondern den Nutzerinnen und Nutzern vielmehr nahe legt. So ist als Reaktion auf die „Blob"-Ikonen mit ihren komplexen und hochindividuellen Formen schon seit Längerem in der heutigen Baupraxis eine ausgeprägte Konjunktur hochrechteckiger, mehr oder weniger rhythmisch gerasterter Fassaden festzustellen, die gelegentlich auch abschätzig als „Barcode"-Architektur bezeichnet wird. Auch hier ist der Computer am Entwurfsprozess konstitutiv beteiligt, wenngleich dies der baulichen Gestalt nicht unbedingt auf den

8 Siehe Barbara Wittmann: Werkzeuge des Entwerfens, Zürich 2018.

ersten Blick anzusehen ist (Abb. 3). Während der „Blob“ sinnfällig vor Augen geführt hat, dass sich mit dem Computer komplexe architektonische Formen nicht nur erfinden, sondern auch technisch realisieren lassen, zeigt sich im Kontrast mit der darauffolgenden Entwicklung in Richtung „Barcode“, dass die Anwendung des Computers im Entwurfsprozess keineswegs zwangsläufig zu einer bestimmten Form, einem bestimmten

Abb. 2, Leipziger „Investorenarchitektur" der Postwendezeit, Fotos: © Florian Henrich

Abb. 3, Architekturbüro Ratschko, Meininger Hotel Bremen (im Bau), Frühjahr 2022, Foto: © Florian Henrich

gestalterischen Resultat führt, das sich buchstäblich automatisch aus den digitalen Entwurfswerkzeugen ergibt.

Auch in der ‚digitalen Architektur' wird, wie schon im ‚Funktionalismus' der Moderne, eine Form nicht passiv in einem technischen Prozess „gefunden", sondern in einem mehr oder minder aufwendigen, mehrstufigen iterativen Verfahren gestaltet. Wie der „Blob" verdeutlicht, ist formale Komplexität geradezu als ein zentrales Merkmal ‚digitaler Architektur' anzusehen. Bereits im Fall der dekonstruktivistischen Architekturprojekte der 1980er und -90er Jahre ist der Computer die Voraussetzung für die Zersprengung der gebauten Strukturen durch eine entsprechende Berechnung von Konstruktion und Statik, was „allerdings mit größerem Aufwand"[9] verbunden war. Beim „Blob" verhält es sich nicht anders, wobei nun aber nicht nur die Konstruktion, sondern auch die baulichen Formen selbst so aufwendig gestaltet werden, dass sie „nur am Computer beherrschbar sind"[10]. Dabei handelt es sich bei etlichen verbauten Elementen um Unikate, die mittels digitaler Verfahren eigens individuell gefertigt werden müssen. Der

9 Oskar Graf: Die Statik, die Konstruktion und der Dekonstruktivismus. In: Bauwelt, Jg. 80, 1989, Heft-Nr. 26 (7. Juli), S. 1260.

10 Ulf Meyer: Das Imperium schlägt zurück. CAD und die Formfindung der Sporthalle in Halstenbek. In: Bauwelt, Jg. 88, 1997, Heft-Nr. 45 (28. Nov.), S. 2524–2527, hier S. 2525.

Computer führt hier also nicht, wie angenommen werden könnte, zu mehr Rationalität und Vereinfachung, sondern er erlaubt die Beherrschung gesteigerter Komplexität auf gestalterischer, baulicher, logistischer Ebene, die er selbst erst ermöglicht hat. Formale Komplexität avanciert damit zum sichtbaren Zeichen für technische Avantgarde in einer sich steigernden Spirale aus technologischem Fortschritt und Kompliziertheit der Formen. Insofern handelt es sich bei Bauten wie dem Stuttgarter Mercedes-Benz Museum von UNStudio (2001–2006) oder dem Nationalstadion in Peking von Herzog & de Meuron (2002–2008) um ikonische „Solitäre, die einen gewissen Autismus ausstrahlen"[11], vor allem jedoch um buchstäblich spektakuläre, also auf visuellen Effekt angelegte virtuose Leistungsbeweise für technologische Fortschrittlichkeit, bei denen die Komplexität gesteigert ist zur Demonstration des technisch Machbaren und zugleich als Auslotung, Ausreizung und Erweiterung seiner Grenzen.

Entscheidend ist, dass auch im digitalen Zeitalter die Entwerfenden oftmals „einen bestimmten Effekt vor Augen [haben], der dann durch eine entsprechende Konstruktion erzielt werden sollte"[12]. Auch wenn die gestalterische Idee erst im Zuge des visuell konstituierten, bildgetragenen digitalen Entwurfsprozesses konkret wird oder gar erst entsteht, ist der Prozess der digitalen Formfindung letztlich ein gestalterischer Akt der Formgebung. So wie es mit dem Computer möglich ist, nicht nur „Blob" oder „Barcode", sondern prinzipiell jede denkbare Form zu kreieren, so ist diese Form stets das Ergebnis derjenigen, die die digitalen Entwurfswerkzeuge bedienen, und damit immer auch das Ergebnis einer mehr oder weniger bewusst getroffenen ästhetischen Entscheidung.

Die prinzipielle Offenheit oder Universalität der digitalen Entwurfswerkzeuge gegenüber der Form wurde in ihren Folgen

11 Boris Schade-Bünsow im Gespräch mit Norbert Palz und Matthias Castorph: Werkzeug, Revolution und Evolution. In: Bauwelt, Jg. 102, 2011, Heft-Nr. 23 (10. Juni), S. 17–21, hier S. 17.

12 Peter Kulka und Ulrich Königs: Sportstadion Chemnitz 2002. In: Bauwelt, Jg. 87, 1996, Heft-Nr. 12 (29. März), S. 728–733, hier S. 729.

für die Architektur schon früh kritisch eingeschätzt und dabei bezeichnenderweise auch schon ein direkter Zusammenhang mit der wachsenden Bedeutung des Bildlichen im digitalen Entwerfen hergestellt. So konstatierte etwa Werner Haker 1989:

„Es war noch nie so leicht, Bilder beim architektonischen Entwerfen zu schaffen, und es wurden noch nie so schnell und präzise Ausführungspläne produziert wie mit CAD. [...] Das Korsett des rechten Winkels ist obsolet geworden, und die wildesten Polygame und Kurvenorgien können spielerisch, ja nur zu spielerisch vermasst werden. [...] Es war noch nie so einfach, so schnell einen Unsinn zu planen.“[13]

Vor diesem Hintergrund finden sich in den Zeitschriften schon ab Mitte der 1990er Jahre argumentative Bestrebungen, das eigene entwerferische Tun zu objektivieren, während die Kritik dies als Legitimierungsrhetorik für formale Präferenzen zu entlarven trachtet. Es geht um nichts weniger als den Vorwurf des „Formalismus“, der seit dem Beginn der Moderne durch den Architekturdiskurs geistert. 1996 weist beispielsweise Greg Lynn darauf hin, dass die „formale[n] Affinitäten“ seiner Entwürfe „auf Eventualitäten reagieren“, „hinaus aus dem Formalismus in eine Welt äußerer Einflüsse“[14]. 2009 erhebt Patrik Schumacher den „Parametrismus“ gar zum „neue[n] International Style“ als ein digitales Phänomen von globaler Gültigkeit, das „Postmoderne und Dekonstruktivismus“ zu „Übergangsepisoden“ degradiert.[15] Dagegen wurde schon 1997 beobachtet, dass der „biologische Ansatz der Formfindung [...] in der Architektur zu einem Stil“ geworden sei, „der seit kurzer Zeit in Projekten rund um die Welt auftaucht. [...] ‚Blobs‘ sind die aktuelle Formensprache.“[16] Ebenso wird die Auffassung kritisiert, solche „am Rechner“ generierten Gebilde „als rein geometrisch und damit rationalisierte Form zu betrachten“[17].

13 Werner Haker: Architektur im Computer. In: Werk, Bauen+Wohnen, Jg.76, 1989, Heft-Nr.3, S.52-58, hier S.56.

14 Greg Lynn: Das Gefaltete, das Biegsame und das Geschmeidige. In: ARCH+, 1996, Heft-Nr.131 (April), S.62-65, hier S.65.

15 Patrik Schumacher: Parametrismus. Der neue International Style. In: ARCH+, 2009, Heft-Nr.195 (Nov.), S.106-113, hier S.107.

16 Wolfgang Wagener: Die Morphologie des Formlosen. In: ARCH+, 1997, Heft-Nr.138 (Okt.), S.82-85, hier S.83.

17 Nikolaus Kuhnert und Angelika Schnell: Von der Box zum Blob und wieder zurück. In: ARCH+, 1999, Heft-Nr.148 (Okt.), S.20-21, hier S.20.

Vielmehr sei anzunehmen, dass mit derartigen Postulaten „eine scheinbare Rationalität der Architektur symbolisiert werden soll“, weshalb man den „Rückgriff auf die Geometrie nur als eine metaphorische Begründung werten“ könne.[18] Dies „erklärt nicht, wie die Form in den Kopf hinein- oder aus dem Computer herauskommt.“[19] Es sei jedenfalls ein Irrtum anzunehmen, die bauliche Gestalt würde sich allein schon von selbst aus den digitalen Entwurfswerkzeugen ergeben,

„indem der Computer mit Hilfe genetischer Algorithmen beliebige Formen evolviert, deren Auswahl durch pseudorationale Evaluierungskriterien oder das willkürliche Einfrieren des Prozesses erfolgt … und die dann für ihre Materialisierung eines Heers an Spezialisten und Technikern bedürfen.“[20]

Das Bild als repräsentatives Medium

Mit der Mehrzahl der Zeitschriftenautorinnen und -autoren, die im Zuge der Projektrecherche zur Kenntnis genommen wurden, betrachten auch wir die Annahme eines Determinismus der Form durch das digitale Tool eher skeptisch. Wie jedes Werkzeug ermöglicht Entwurfssoftware in ihren verschiedenen Ausprägungen neue Formen oder legt sie den Entwerfenden nahe und beweist damit ein großes heuristisches Potenzial für den architektonischen Entwurfsprozess, ohne derartige gestalterische Lösungen jedoch von sich aus vorzugeben oder zu bestimmen.

Umso mehr sprechen wir uns für eine mediale Prägung der Architektur, von Begriff und Vorstellung, aber auch des Entwurfsprozesses und damit der baulichen Gestalt durch das digitale Bild aus, die wir als Rückwirkung rezipierter Bildwelten auf den Entwurf in einem dialektischen Prozess begreifen.

18 Florian Böhm: Neue Dimensionen für die Architektur? In: ebd., S. 103-105, hier S. 105.

19 Sabine Kraft und Schirin Taraz-Breinholt: Zu diesem Heft. In: ARCH+, 2002, Heft-Nr. 159/160 (Mai), S. 20.

20 Sabine Kraft: Anpassungen. In: ARCH+, 2008, Heft-Nr. 188 (Juli), S. 4.

Die medienspezifische Prägung dessen, was Architektur sei, erfolgt nicht allein durch das Bild als visuelle Komponente der digitalen Entwurfswerkzeuge, sondern ebenso durch das Bild als spezifische Art der Darstellung. Realisierte Architektur ist, sofern sie nicht in situ begangen und erfahren wird, genauso wie der Entwurf auf die mediale Vermittlung durch bildliche Repräsentationen angewiesen. Anders als das physische Bauwerk, dessen Darstellung bei allen unvermeidbaren Verzerrungen oder bewusst kalkulierten Manipulationen im Zuge seiner medialen Transformation stets ein Abbild, wenn auch immer eine gestaltete Interpretation nolens volens bleibt[21], bedarf der Entwurf als imaginativer Vorgriff auf die Zukunft einer medialen Materialisierung. Sie ist als physisches, fotografiertes oder digitales Modell, als Skizze, Zeichnung oder Rendering erforderlich, um einem Vorhaben überhaupt Gestalt zu geben, dieses entwickeln, modifizieren und produzieren zu können, aber auch, um das Projekt präsentieren, vermarkten und verkaufen zu können. Demnach ist Entwurfsvisualisierung stets Vermittlung einer architektonischen Idee in Form eines Bildes, das für diesen Zweck erstellt und gestaltet wurde.[22]

Entwurf und Visualisierung sind über das Bild verbunden. Beide analytisch unterscheidbare Bereiche stehen in Wechselwirkung zueinander und beeinflussen sich gegenseitig sowohl entwurfsintern als Bildprodukte, die wie im Beispiel von Herzog & de Meuron im Entwurfsprozess entstehen und dort Verwendung finden, als auch als bildliche Repräsentationen, die nachträglich zur externen Kommunikation des Entwurfs nicht selten auch von externen Agenturen erstellt werden und als Bildmedien, die im Architekturdiskurs zirkulieren, auf den Entwurfsprozess zurückwirken.

Hier wäre freilich anzumerken, dass auch diese Wechselwirkung keineswegs ein genuin digitales Phänomen ist. Seit

21 Vgl. für die Fotografie: Hubert Locher und Rolf Sachsse (Hg.): Architektur Fotografie. Darstellung – Verwendung – Gestaltung, Berlin und München 2016.

22 Siehe Hubert Locher: Bilder für den Konsum. Botschaft und Rhetorik des digitalen Architekturbildes. In: Katalog 2023 (s. Anm. 3), S. 140–151. DOI: https://doi.org/10.11588/arthistoricum.1156.c15957

Architektur als professionelle Praxis medial kommuniziert wurde, sind Bilder als ästhetisch gestaltete Repräsentationen eines Entwurfs in mannigfaltigsten Formen über die verfügbaren Kanäle der Distribution und Rezeption vermittelt worden, und unter diesen Umständen war auch die Gruppe der Entwerfenden stets diesen kommunikativen, informativen und inspirativen Bildwelten ausgesetzt. Auch und gerade die Entwerfenden rezipieren diese Bilder, die damit Einfluss auf die Entwurfspraxis und so letztlich auf die bauliche Gestalt nehmen. Alles weist jedoch darauf hin, dass sich im Zeitalter des Digitalen die Prägung durch das Bild sowohl quantitativ wie auch qualitativ intensiviert. Durch die Digitalisierung erfährt das Feld der Entwurfsvisualisierung einen dramatischen Aufschwung. Auf den Zeichnungsboom der Postmoderne folgt mit den computergenerierten Renderings ein Boom des Architekturschaubildes, den wir in unserem Projekt am Beispiel der Zeitschriften nachweisen und untersuchen konnten.[23] Aufgrund seiner einfachen Verfügbarkeit und Reproduzierbarkeit wie der Geschwindigkeit und Reichweite seiner medialen Verbreitung ist das digitale Architekturbild heute als globales Massenmedium überall und zu jeder Zeit präsent. Daran haben auch Social-Media-Kanäle wie Instagram erheblichen Anteil, die nicht nur für die Entwerfenden und Visualisierenden, sondern auch für weitere am Architekturprozess Beteiligte als Plattform und Ideenbörse fungieren.[24] Der Aufstieg des Renderings zum dominierenden Bildmedium der Entwurfsdarstellung erfolgte so rasant, dass man sich Mitte der 1990er Jahre bereits auf dem „Weg der anonymen Architektur-Bildermaschine“[25] sieht, während fünfzehn Jahre später die Bilder „die totale Herrschaft über die Architekturpublizistik“[26] errungen hätten. Dieser Boom des Bildes im Zuge der Digitalisierung bleibt nicht ohne Folgen

23 Siehe Florian Henrich: Das digitale Bild als Medium der Architekturdarstellung in den Zeitschriften. In: Katalog 2023 (s. Anm. 3), S. 21-33. DOI: https://doi.org/10.11588/arthistoricum.1156.c15955

24 Vgl. etwa Heiko Haberle: Sieben Architektur-Influencer und ihre Themen. In: DAB, 25.02.2020, https://www.dabonline.de/2020/02/25/architektur-fotos-influencer-baufluencer-architekten-bei-instagram-facebook-twitter/#comments [Stand: 01/2024].

25 SR: [Editorial]. In: Bauwelt, Jg. 85, 1994, Heft-Nr. 20 (20. Mai), S. 1073.

26 Dietmar Steiner: Wie die Bauwelt jetzt ist…. In: Bauwelt, Jg. 101, 2010, Heft-Nr. 1/2 (8. Jan.), S. 8-9, hier S. 9.

für das Entwerfen, wie es der Architekturfotograf Jens Ludloff 2012 in der *Bauwelt* skizziert:

„Die gegenwärtige Studentengeneration hat […] ein riesengroßes Bilderwissen. Andererseits waren die meisten von ihnen niemals an diesen Orten. Unser Bilderwissen wird täglich größer, aber das ‚Anwesenheitswissen' immer kleiner. […] Wenn die Bildkompetenz weiter wächst, werden wir vielleicht bald Häuser haben, die gebaute Bilder sind. […] Wir entwerfen von jeher mithilfe von Bildern. […] Wir starten mit einem Bild beim Entwerfen und verwandeln das Bild in einen dreidimensionalen Raum. Der wird – vielleicht – gebaut, und dann kommt der Fotograf und macht daraus wieder ein zweidimensionales Bild. Das ist der ganz normale Vorgang. Die Frage ist: Verändert sich der Raum, wenn wir unsere Raumkenntnis überwiegend aus Bilderwissen beziehen?"[27]

Zur quantitativen Dimension treten die qualitativen Eigenschaften des digitalen Architekturbildes, seine bildgestalterischen Mittel und ästhetischen Spezifika hinzu, wie sie ebenfalls von uns untersucht wurden.[28] Mit der Durchsetzung und massenhaften Ausbreitung des digitalen Architekturbildes als neuem Standard der Entwurfsvisualisierung kommt es, ein weiteres Mal in der Geschichte der Architekturdarstellung, zur Vorherrschaft des Bildlich-Gegenständlichen: Es ist eine deutliche Tendenz erkennbar, die wegführt vom Primat der Abstraktion der Axonometrie hin zur neuen Anschaulichkeit der perspektivischen, illusionistischen, bunten, atmosphärisch-suggestiven, mitunter pathetischen oder sentimentalen Darstellung mit dem Computer. Dieser erneute Aufschwung des Bildes vollzieht sich unter dem aus der Malerei der 1970er Jahre übernommenen Begriff des „Fotorealismus"[29], einem bildgestalterischen Modus, der darauf abzielt, den Entwurf wie die

27 Nils Ballhausen im Interview mit Jan Bitter und Jens Ludloff über Architekturfotografie. In: Bauwelt, Jg. 103, 2012, Heft-Nr. 25 (29. Juni), S. 2-3, hier S. 3.

28 Siehe Florian Henrich, Dominik Lengyel und Catherine Toulouse: Die Evolution des digitalen Bildes – Das digitale Bild in der Architektur 1980-2020. In: Katalog 2023 (s. Anm. 3), S. 35-139. DOI: https://doi.org/10.11588/arthistoricum.1156.c15956 sowie das Abstract in diesem Band.

29 Vgl. bereits die frühe, kritische Verwendung in Heinrich Klotz: Die Architekturzeichnung als Medium einer neuen Ästhetik. In: Jahrbuch für Architektur 1981/1982, Braunschweig und Wiesbaden 1981, S. 150-151, hier S. 150.

„vorweggenommene Fotografie des späteren Baus“[30] erscheinen zu lassen. Bei all der Vielfalt der stilistischen Tendenzen und Strömungen, die der digitale Fotorealismus als der vorherrschende Bildmodus der Entwurfsvisualisierung in den letzten zwanzig Jahren hervorgebracht hat, ist damit vor allem eines verbunden: die Darstellung des Zukünftigen im Modus der Fotografie und damit die Kaschierung des Status des Entwurfs als etwas Mögliches und Vorläufiges, das sich noch entwickeln, verändern, gestalten lässt.

Dies erscheint uns in zweierlei Hinsicht von Belang. Zum einen lautet seit jeher der zentrale Kritikpunkt an der bildlich-anschaulichen Darstellungsweise, dass sie die Betrachtenden, darunter vor allem die Laien und insbesondere die Verantwortlichen, dazu verleite, einen Entwurf nicht nach spezifisch architektonischen Aspekten, sondern nach dem Eindruck seiner bildlichen Wiedergabe zu beurteilen. Während der postmoderne Zeichnungsboom mit seinem Primat der abstrakten Axonometrie zum Ende der 1980er Jahre zunehmend als für Laien unverständliche „Verrätselung der Räumlichkeiten“ kritisiert und hingegen die computergenerierte Entwurfsvisualisierung als vermeintlich sachlich-konkrete, naturalistische „Simulation“ des Bauzustands begrüßt wurde, schlägt das Pendel inzwischen in die entgegengesetzte Richtung aus: Mit dem fotorealistischen Rendering hat das Architekturschaubild einen suggestiven Illusionismus von bislang ungekannter Qualität erreicht, der zum Teil massiv kritisiert wird.[31]

Zum anderen erfährt durch die suggestive Qualität des Renderings in Verbindung mit seiner Omnipräsenz schon das fiktive Bild eines Entwurfs und nicht erst das Abbild des fertiggestellten Baus eine enorme Steigerung seines Potenzials als Einflussgröße, Vorbild und Inspirationsquelle für zukünftige Architekturen. Dies zeigt sich an kaum einem anderen Bei-

30 Helge Bofinger: Helmut Jacoby – Meister der Architekturzeichnung. In: ders. und Wolfgang Voigt (Hg.): Helmut Jacoby. Meister der Architekturzeichnung, Ausst.kat., Tübingen 2001, S. 8–13, hier S. 11.

31 Vgl. Florian Henrich: Das Analoge im Digitalen. Entwurfsvisualisierung zwischen Partizipation und Fotorealismus. In: Tobias Becker, Teresa Fankhänel, Dennis Jelonnek und Sarine Waltenspül (Hg.): Lens On. Fotografieren in architektonischen Entwurfsprozessen der Moderne, Berlin 2023, S. 13–26.

spiel so deutlich wie im Fall der Elbphilharmonie in Hamburg von Herzog & de Meuron.[32] Hierzu hat man geltend gemacht, dass es jene „Handvoll von Visualisierungen“ gewesen sei, die entscheidend dazu beigetragen habe, dass „aus einer idée fixe [...] Realität wurde“[33]. An diesem Beispiel lässt sich auch ersehen, dass der gewählte Modus der Visualisierung dem Typus der Architektur und den implizierten Wirkungsabsichten ideal entsprach. Indem dieser Bau auf die atmosphärische, suggestive Integration in die Hamburger Hafenlandschaft abzielt, die Metapher des Schiffes bildhaft aufgreift und auch mittels visueller Binneneffekte, wie spiegelnde Oberflächen und ondulierende Kanten, buchstäblich im Bild bleibt, verlangt der Entwurf nach einer entsprechenden ebenso realistischen wie fiktionalen Umsetzung im Architekturbild. Es ist keine Frage – axonometrische Zeichnungen, die anzulegen für diesen Entwurf wohl allenfalls mit digitalen Mitteln möglich gewesen wäre, hätten wohl kaum eine solche Wirkung zu entfesseln vermocht. Gewiss vermögen auch andere Bildformen der Entwurfsdarstellung Einfluss auszuüben, wie Mies van der Rohes Kohlezeichnungen für den Berliner Turmhaus-Wettbewerb von 1921, wobei Mies auch hier schon ebenso die Fotomontage einsetzte, die den Effekt des fotorealistischen Renderings mit analogen Mitteln vorwegnimmt. Bei computergenerierten fotorealistischen Visualisierungen vermag die Wirkung indessen so weit zu reichen, dass sie den Blick auf real Gebautes derart vorprägen, dass sich mitunter der Eindruck einstellen kann: „Hey, ich steh im Rendering!“[34]

Hier wird deutlich, auf welche Weise die fotorealistischen Bildelemente der digitalen Entwurfsvisualisierungen auf die Rezipierenden – Entwerfende, Nutzende, Konsumierende – zurückwirken können: Existierende Gebäude, in diesem Fall frisch errichtete Neubauten, erinnern an Bilder, die man zuvor

32 Siehe Katalog 2023 (s. Anm. 3), Bild 36.

33 Hubertus Adam: Nutzungsmischung Philharmonie. In: Bauwelt, Jg. 99, 2008, Heft-Nr. 1/2 (4. Jan.), S. 52–55, hier S. 52.

34 Andrea Roedig: Hey, ich steh im Rendering! Über Architektur, Bild und Realismus. In: wespennest, 2015, Heft-Nr. 169 (Nov.), S. 66–69.

irgendwo in der Zeitschrift, der Homepage, der Werbung, auf Instagram gesehen hat; Gebautes wird mit Bildlichem assoziiert, Reales mit Fiktivem (Abb. 4). Im Fokus steht hier also weniger die Frage, ob die Entwurfsdarstellung täuschend echt aussieht, sondern der Eindruck, dass echte Architektur aussieht wie Bilder. Gebäude, die man noch nie gesehen hat, wirken vertraut, weil sie bereits aus Bildern bekannt zu sein scheinen. Durch das fotorealistische Rendering gewinnt die bildliche Repräsentation des Entwurfs noch vor dessen Umsetzung an Wirkmacht und prägt unsere Vorstellungen von zukünftiger ebenso wie unsere Wahrnehmung von gebauter Architektur.

Ausblick

Ein wesentliches Ziel der in unserem Projekt versuchten exemplarischen Synopse zur Entwicklung des digitalen Architekturbildes war es, auf die Dialektik von Entwerfen und Visualisieren im Medium des digitalen Bildes hinzuweisen. Es bleibt weiteren Forschungen vorbehalten, die Wechselwirkungen am konkreten Material weiter zu untersuchen. So wäre aufbauend auf den hier erzielten Erkenntnissen in einem nächsten Schritt zu

Abb. 4, „Hey, ich steh im Rendering!“ — links: Rendering von Herzog & de Meuron für die Bebauung der Tacheles-Brache in Berlin, in: Bauwelt 2019, 23 (15. Nov.), S. 35, ©Herzog & de Meuron; rechts: Neubauten am Riebeckplatz in Halle/Saale, Herbst 2021, Foto: ©Florian Henrich

fragen, welchen Einfluss neuere bildbasierte, digitale Entwurfsmethoden auf die erzielten Resultate haben, in welcher Beziehung der konstatierte „Siegeszug der Bildlichkeit“[35] zur gleichfalls konstatierten „Krise der Repräsentation“[36] im Bereich des digitalen Entwerfens zu sehen ist, ob hier womöglich ebenso von einem reziproken oder dialektischen Verhältnis auszugehen ist und welche Folgen sich daraus für die bauliche Gestalt ergeben. Ebenso wäre in Fortsetzung einer historischen Untersuchung des digitalen Bildes als Medium der Architekturdarstellung verstärkt auf die aktuelle Situation einzugehen und dabei der Fokus auf die Bildpraxis im architektonischen Berufsfeld, den konkreten Gebrauch und die involvierten Akteursgruppen, auf mediale Kanäle und kommerzielle Strukturen zu legen. Auf dieser Basis wäre schließlich nach der globalen Dimension des digitalen Bildes in der Architektur zu fragen. Neubauten in Oslo ähneln heute denen in Berlin oder Detroit. Es stellt sich oftmals das schale Gefühl eines unbestimmten Déjà-vu ein, als ob man diese oder ähnliche Bauten zuvor schon einmal gesehen hätte. Hat somit die Digitalisierung der Entwurfsvisualisierung zu einer Homogenisierung der Architekturdarstellung geführt? Oder hat gar die Globalisierung digitaler Architekturdarstellung zur Genese eines homogenen, zeitgenössischen ‚Baustils‘ beigetragen? Denkt man in den von uns angelegten Bahnen weiter, so wäre ein derartiger neuer ‚International Style‘ nicht allein auf eine Prägung durch die digitalen Entwurfswerkzeuge zurückzuführen, sondern auch das Resultat der medialen Omnipräsenz mehr oder weniger gleichgearteter Bilder. Architektur im digitalen Zeitalter zeigt sich in dieser Betrachtung vor allem als Bildphänomen und fordert dazu heraus, auch als solches erfasst und verstanden zu werden.[37]

35 Sabine Ammon: Epilog. Vom Siegeszug der Bildlichkeit im Zeitalter der Modellierung. In: Ammon und Hinterwaldner 2017 (s. Anm. 6), S. 399–426.

36 Christophe Barlieb und Lidia Gasperoni: Einleitung. In: dies. (Hg.): Media Agency. Neue Ansätze zur Medialität in der Architektur, Bielefeld 2020, S. 7–11, hier S. 8.

37 Vgl. als Anknüpfungspunkt hierfür Beatriz Colomina: Privacy and Publicity. Modern Architecture As Mass Media, Cambridge (Mass.) 1994.

Hubert Locher, Dominik Lengyel, Florian Henrich, Catherine Toulouse

Architecture Transformed – zehn Thesen zum digitalen Architekturbild

Erstens: Unser Projekt geht von Annahmen zum Grundverständnis von Architektur aus, die sich bis in die Anfänge des architekturtheoretischen Diskurses, bis zu Vitruvs *Zehn Bücher über Architektur* zurückverfolgen lassen. Dazu gehört die Meinung, dass das architektonische Wissen (*scientia*) sowohl aus Praxis und Übung (*fabrica*) wie auch aus geistiger Arbeit (*raciocinatio*) erwachse (I, Kap. I, 2). Hieraus ziehen wir die Folgerung, dass der Begriff von Architektur den Blick auf die praktisch-gestalterische Arbeit ebenso zu umfassen verlangt wie ihre kritische Reflexion als eine Form des anschaulichen Denkens in der Zusammenschau vieler unterschiedlicher Einzelgegenstände. Beide Perspektiven sind in unserem Projekt enthalten. Im sichtbaren Bild der projektierten Architektur kommen beide Dimensionen zusammen. Das digitale, mittels Software hergestellte Bild ist dessen heute zeitgemäße Form.

Zweitens: Der Begriff von Architektur, wie wir ihn hier handhaben, erfordert entsprechend der ersten Grundannahme die Berücksichtigung ihrer Prozesshaftigkeit. Dem Bild kommt nach unserer Auffassung im architektonischen Realisierungsprozess eine Schlüsselfunktion zu: Es bietet die Möglichkeit, etwas zu zeigen, das vorgestellt werden kann, aber noch nicht existiert. Es bezieht sich bereits auf das Gegebene, antizipiert aber prospektiv das noch zu Realisierende, verbindet Wissen

Publiziert in: Locher et al. (Hg.), Rendering/Visualisierung (Begriffe des digitalen Bildes, 5), München 2024, S. 93–98. DOI: https://doi.org/10.5282/ubm/epub.109221

und Praxiskenntnis, nimmt aber das Risiko des noch nicht Erprobten als Projektion in sich auf. So ist das Bild Abbild und Modell zugleich.[1] Die verfügbaren digitalen Werkzeuge zur Herstellung von Bild-Modellen und Modell-Bildern unterstützen diese doppelte Ausrichtung des Bildes in besonderer Weise.

Drittens: Diese doppelte Orientierung gilt für jedes Architekturbild, das im architektonischen Prozess zum Einsatz kommt. Es können jedoch verschiedene Funktionalisierungen unterschieden werden. Das Diagramm, die Entwurfsskizze, die Handzeichnung begleiten den planerischen Prozess in verschiedenen Stadien. Das Prinzip derartiger Bildformen im Entwurfsprozess ist Abstraktion, Vorläufigkeit, Unvollständigkeit, das heißt Offenheit für die weitere Ausgestaltung oder Anhaltspunkt für die Eingrenzung und Richtungsentscheidung. Am anderen Ende dieses Prozesses oder einer seiner iterativen Schleifen steht die Visualisierung als hinreichend konkretisierte konzeptuelle Modellierung, die an das fiktionale Abbild des zukünftigen Zustands grenzt und oft damit verwechselt wird. Aus dieser idealtypischen Spreizung ergibt sich eine Zweiteilung des Architekturbildes nach Entwerfen und Visualisieren, die sich als spezialisierte Arbeitsteilung bis in das 18. Jahrhundert zurückverfolgen lässt.

Viertens: Unter den Bedingungen der Digitalisierung hat sich die prinzipielle Differenz zwischen dem digitalen Bild im Kontext von Entwerfen und im Kontext von Visualisieren fortgesetzt. Strukturell ist das *Modeling,* das Erstellen des digitalen geometrischen Modells als zentraler Bestandteil des Entwerfens, dem *Rendering,* der bildgestalterischen Ausarbeitung des Modells mit dem Computer, vorgängig. Insofern ist das Rendering dem strengen Begriff nach kein Entwurfswerkzeug, son-

1 In ihrem 2017 erschienenen Sammelband umreißen Sabine Ammon und Inge Hinterwaldner das „Spannungsfeld zwischen Repräsentativität (etwas abbildend) und Produktivität (etwas ermöglichend)" in digitalen Entwurfsprozessen und erkunden das „Zusammenspiel zwischen Anschaulichkeit und Funktionalität, Bildlichkeit und Modellhaftigkeit". Inge Hinterwaldner: Prolog. Modellhaftigkeit und Bildlichkeit in Entwurfsartefakten. In: Sabine Ammon und dies. (Hg.): Bildlichkeit im Zeitalter der Modellierung. Operative Artefakte in Entwurfsprozessen der Architektur und des Ingenieurwesens, München 2017, S. 13-30, hier S. 13.

dern dem Entwurfsprozess zeitlich nachgeordnet. Entworfen wird also zunächst mit dem und am Modell, das Rendering setzt den Entwurf als Bild mittels entsprechender Visualisierungs- und Bildbearbeitungssoftware *in Szene.* Als bildliche Repräsentation des Entwurfs soll das Rendering einen zukünftigen Bauzustand visuell vorwegnehmen und dabei die zugrunde liegende Idee vermitteln. Es erfüllt somit nicht die Aufgaben eines produzierenden Werkzeugs, sondern eine kommunikative, primär nach außen gerichtete Funktion jenseits des Entwurfsprozesses zwischen Vermittlung und Vermarktung; sei es in der Präsentation, im Wettbewerb, in Marketing, Werbung oder Verkauf. Technisch manifestiert sich die Zweigeteiltheit des digitalen Architekturbildes als Hiatus in der Entwicklung der digitalen Werkzeuge: Der Computer wurde zunächst als Hilfsmittel für den Entwurf und erst später auch für dessen Visualisierung genutzt. In den Zeitschriften beträgt dieser zeitliche Versatz rund zehn Jahre. Mit dem Computer ließ sich für lange Zeit weitaus mehr realisieren, als sich mit ihm darstellen ließ.

Fünftens: Was sich allerdings im Blick auf die Oberfläche der digitalen Schnittstellen generell über die letzten vier Jahrzehnte beobachten lässt, gilt in besonderer Weise auch für den Bereich der Architektur: Im Lauf des zunehmenden Einsatzes von Computertechnologie nimmt kontinuierlich und zuletzt beinahe schlagartig das Gewicht der Bildlichkeit im Entwurfs- und generell im Architekturprozess zu. Das Visuelle und die Visualisierung werden zu einer konstitutiven Komponente. Entsprechend findet eine wachsende Durchdringung der Sphäre des Entwurfsbildes (Modeling) mit jener des Kommunikationsbildes (Rendering) statt. Auch die Entwerfenden bedienen sich verstärkt der anschaulichen Computervisualisierung, um sich – wie zuvor mithilfe des Endoskops oder der Videokamera – in den Entwurf hineinzuversetzen und das Entworfene zu beurteilen, um dann im nächsten Schritt wieder aus der Illusion herauszutreten und Änderungen am Entwurfsmodell vorzunehmen.

Sechstens: Dieser Beobachtung eines wachsenden Einbezugs mehr oder weniger illusionistischer oder plastischer Bilder im Entwurfsprozess entspricht die Annahme von zwei verschiedenen Modi der Bildlichkeit, von operativer und repräsentativer Bildlichkeit, die in einem mehr oder weniger fließenden Wechsel von Abstraktion und Immersion ineinandergreifen. Auch wenn Entwerfen und Visualisieren zwei verschiedene Prozesse darstellen, in denen unterschiedliche Arten von digitalen Bildern erzeugt werden, begreifen wir diese nicht als Gegensätze, sondern gehen von einem Verhältnis wechselseitiger Beeinflussung aus. Auch diejenigen Bilder, die nicht zu entwurfsinternen Zwecken erstellt wurden, sind Teil des aktuellen Architekturdiskurses, an dem auch und gerade die Entwerfenden partizipieren. Sie gehen als rezipierte mediale Artefakte in das architektonische Bilderwissen der beteiligten Akteure ein und wirken auf imaginäre Weise – wie manifest oder latent auch immer – als Referenz, Inspiration oder Vorbild in den Entwurfsprozess hinein. Mit der Digitalisierung des Bildes und der Medien seiner Verbreitung hat diese reziproke Beziehung zwischen Entwerfen und Visualisieren eine globale Aktualität erreicht.

Siebtens: Im Blick auf die digitalen Entwurfswerkzeuge lassen sich signifikante bildbasierte und visuell vermittelte Unterschiede nachweisen. Nicht nur greifen operative und repräsentative Bildlichkeit hier verstärkt ineinander. Tendenziell wandelt sich der gesamte Vorgang des Entwerfens auf performativer Ebene von einem stark kognitiv bedingten Prozess, der überdurchschnittliches räumliches Vorstellungsvermögen voraussetzt, zu einem weniger abstrakten, mehr intuitiven, plastisch-bildhaften Entwerfen: vom Entwurf in Grundriss, Aufriss und Schnitt hin zum Entwerfen in der multiplen Perspektive. Das Bild repräsentiert hier nicht allein das fertige Produkt oder einen Zwischenschritt dahin, sondern es trägt als transformatives, operatives Medium den Entwurfsprozess kontinuierlich in seinem gesamten Verlauf.

Achtens: Gegen Mitte der 2000er Jahre hat sich das Rendering – die rechnerbasierte, vielfältig gestalterisch überformte Visualisierung mit der Tendenz zur illusionistischen Darstellung – als dominantes Bildmedium der Entwurfsvisualisierung durchgesetzt und die bis dahin üblichen analogen und hybriden Verfahren weitestgehend ersetzt. Gestalterisch erweist es sich als stark zweckgebunden und wenig innovativ. Auf der einen Seite herrscht ungebrochen das Paradigma des Fotorealismus: die bildliche Vorwegnahme des Zukünftigen in der Art einer Fotografie und damit die Kaschierung des Vorläufigkeitscharakters des Dargestellten. Auf der anderen Seite dominiert der zentrale und immer wieder betonte Aspekt des Atmosphärischen: die Hinzufügung eines ästhetischen Mehrwerts mit bildgestalterischen Mitteln, der auf die suggestive Wirkung zielt und der kommunikativen Funktion dieser Bilder Rechnung trägt. Dies ist zugleich bezeichnend für ihren Fotorealismus, sollen sie doch den Entwurf nicht einfach nur realistisch darstellen, sondern ihn mittels bildlicher Inszenierung über das rein Architektonische hinaus in ein möglichst vorteilhaftes Licht setzen, die dargestellte Realität also ästhetisch überhöhen. Mit zunehmender Kritik am digitalen Fotorealismus ist seit Mitte der 2010er Jahre jedoch ebenso eine signifikante Hinwendung zu alternativen digitalen Bildgestaltungsansätzen zu beobachten, die sich an analogen grafischen Verfahren orientieren.

Neuntens: Eine nennenswerte Beschäftigung mit dem digitalen Bild als Medium der Architekturdarstellung, geschweige denn eine kritische, reflexive Analyse hat bislang kaum stattgefunden. Während die digitalen Entwurfswerkzeuge kontinuierlich im Unterricht behandelt werden, hat man sich im Architekturdiskurs mit dem Rendering bis heute kaum auseinandergesetzt. Obwohl diese Form des digitalen Architekturbildes in der alltäglichen Lebenswelt praktisch allerorten anzutreffen ist, blieben seine ästhetischen und bildlichen Qualitäten weitgehend unbeachtet. Diese Unsichtbarkeit im Diskurs über Architektur ist charakteristisch: Das höchste Ziel der den Entwurf scheinbar abschließenden Visualisierung mittels fotorealistischer Renderings ist die täuschende Fiktion, die quasi-fotografische Darstellung. Ist sie erreicht, wird das Bild für die Realität der Fiktion genommen.

Zehntens: Im digitalen Zeitalter ist eine Kritik des digitalen Bildes in seinen verschiedenen Erscheinungsformen essenziell, um dessen Gestaltungspotenzial und seine Wirkmacht im architektonischen Prozess angemessen beschreiben und nutzen zu können. Der Grund dafür ist das immer noch weiter zunehmende Gewicht des Bildes als Schnittstelle zwischen Mensch und Maschine.

Herausgegeben von
Hubert Locher, Dominik Lengyel, Florian Henrich,
Catherine Toulouse

DFG-Schwerpunktprogramm ‚Das digitale Bild'

DAS DIGITALE BILD

Erstveröffentlichung: 2024
Gestaltung: Lydia Kähny, Satz: Annerose Wahl, UB der LMU
Diese Publikation wurde finanziert durch die Deutsche Forschungsgemeinschaft.
München, Open Publishing LMU

DFG Deutsche Forschungsgemeinschaft

UB Universitätsbibliothek Ludwig-Maximilians-Universität München

Druck und Vertrieb:
Buchschmiede von Dataform Media GmbH, Wien
www.buchschmiede.at

PRINTED IN AUSTRIA

DOI https://doi.org/10.5282/ubm/epub.109214
ISBN 978-3-99165-386-8

Reihe: Begriffe des digitalen Bildes
Reihenherausgeber
Hubertus Kohle
Hubert Locher

LMU Ludwig-Maximilians-Universität München

Deutsches Dokumentationszentrum für Kunstgeschichte Bildarchiv Foto Marburg

Philipps Universität Marburg

b-tu Brandenburgische Technische Universität Cottbus - Senftenberg